红棉论丛
中共广州市委党校

丛书主编　孟源北

十年欣荣

新时代广州文化发展之路

李仁武 / 主编

广州新华出版发行集团
广州出版社

图书在版编目（CIP）数据

十年欣荣：新时代广州文化发展之路 / 李仁武主编. — 广州：广州出版社，2022.9

（中共广州市委党校红棉论丛）

ISBN 978-7-5462-3503-5

Ⅰ. ①十… Ⅱ. ①李… Ⅲ. ①地方文化—文化发展—研究—广州 Ⅳ. ①G127.651

中国版本图书馆CIP数据核字（2022）第175925号

书　　名　十年欣荣——新时代广州文化发展之路
　　　　　Shi Nian Xinrong—Xin Shidai Guangzhou Wenhua Fazhan Zhi Lu
出版发行　广州出版社
　　　　　（地址：广州市天河区天润路87号9、10楼　邮政编码：510635
　　　　　网址：www.gzcbs.com.cn）
出 品 人　柳宗慧
项目统筹　李良婷
项目策划　潘孟良
责任编辑　龚莉莎
责任校对　窦兵兵
装帧设计　肖晓文
印刷单位　佛山市迎高彩印有限公司
　　　　　（地址：佛山市顺德区陈村镇广隆工业区兴业七路九号
　　　　　邮政编码：528313）
规　　格　787 mm × 1092 mm　1/16
印　　张　13.25
字　　数　200千
版　　次　2022年9月第1版
印　　次　2022年9月第1次
书　　号　ISBN 978-7-5462-3503-5
定　　价　40.00元

《红棉论丛·非凡十年（2012—2022）专辑》

总 序

孟源北

党的十八大以来的十年，是党和国家事业发展中极不平凡的十年，在以习近平同志为核心的党中央坚强领导下，我国全面建成小康社会，开启了全面建设社会主义现代化国家新征程，新发展理念深入人心，经济社会发展和生态文明建设取得了具有里程碑意义的重大成就。进入了中国特色社会主义新时代这十年，必将永载史册。

习近平总书记对广东、广州工作高度重视、亲切关怀、寄予厚望。党的十八大以来3次赴广东考察调研、两次参加全国人大广东代表团审议、多次作出重要指示批示，亲自谋划、亲自部署、亲自推动粤港澳大湾区建设。2012年12月，党的十八大后首次离京考察，习近平总书记就来到广东。总书记表示，这次调研之所以到广东来，就是要到在我国改革开放中得风气之先的地方，现场回顾我国改革开放的历史进程，将改革开放继续推向前进。2018年10月，总书记再次到广东、广州考察调研，要求广州实现老城市新活力，在综合城市功能、城市文化综合实力、现代服务业、现代化国际化营商环境方面出新出彩。

党的十八大以来，广州以习近平新时代中国特色社会主义思想指导一切工作，不忘初心、牢记嘱托，奋力实现习近平总书记赋予广州的使命任务，立足于自身深厚的文化底蕴，秉持敢为人先的改革创新精神，在经济、科技、文化、社会、党建诸领域奋发有为、励精图治。城市综合实力达至历史最好水平，科技创新能级显著跃升，城市面貌和品质焕然一新，民生福祉改善可圈可点，人民安居乐业，社会和谐，生态优美，千年古城焕发出新的活力。广州市地区生产总值从2012年的1.35万亿元跃升至2021年的2.82万亿元，累计增长1.47万亿元，年均复合增速达到8.5%。2012年，全年城镇居民人均可支配收入38054元，全年农村居民人均可支配收入16788元；至2021年，全年城镇居民人均可支配收入74416元，累计增长36362元，年均复合增速达到7.7%，全年农村居民人均可支配收入34533元，累计增长17745元，年均复合增速达到8.3%。人民群众的获得感、幸福感、安全感大大增强。

时代风云激荡，浩浩珠江两畔铺展雄伟历史画卷。在党的二十大即将胜利召开的这个重要节点上，回顾广州在新时代十年中所走过的波澜壮阔历程，呈现广州在新时代十年中所发生的巨变，具有重要意义。

其一，广州新时代十年的改革创新发展实践，深刻反映了习近平新时代中国特色社会主义思想的真理特征，广州所有的拼搏奋进、所取得的成就与创造的经验，均是习近平新时代中国特色社会主义思想在引领党、引领国家、引领时代的具体实践。

其二，广州新时代十年的改革创新发展实践，生动诠释了中国特色社会主义新时代这一重大概念的深刻内涵，丰富和延伸了中国特色社会主义新时代的精神和意义，是中国特色社会主义新时代取得历史性成就、发生历史性变革的重要组成部分。

其三，广州新时代十年的改革创新发展实践，形象展现了理念创新与实践创新相结合的经典案例，在高质量发展、城市治理现代化、打造文化强市以及基层党的建设等重大主题方面，均形成了理论与实践的深刻认识和丰富经验，具有相对完整的体系性与鲜明的示范性。

总之，回顾与总结广州新时代十年践行习近平新时代中国特色社会主义思想的做法经验，展现广州新时代十年丰富多彩的发展变化，可以进一步深化广州城市改革创新发展进程的研究，为我国高质量发展提供城市样本。

基于以上认识，我们在广州出版社的支持下，调研编写出版了《红棉论丛·非凡十年（2012—2022）专辑》，选择从科技创新、城市更新、国有经济、基层民主、文化建设、基层党建等六个方面，进行呈现与建构、分析与总结，以期多角度展示新时代广州在习近平新时代中国特色社会主义思想引领下所发生的深刻变化和取得的辉煌成就。具体专题为《十年飞跃——新时代广州科技创新之路》《十年嬗变——新时代广州城市更新之路》《十年精进——新时代广州国有经济发展之路》《十年砥砺——新时代广州基层民主治理之路》《十年欣荣——新时代广州文化发展之路》《十年笃行——新时代广州基层党建创新之路》。

历史长河从过去奔涌而来，正向未来逐浪而去。让我们与新时代同向同行，全面深入践行习近平新时代中国特色社会主义思想，发挥广州国家中心城市和综合性门户城市引领作用，全面增强国际商贸中心、综合交通枢纽功能，培育提升科技教育文化中心功能，着力建设国际大都市，奋力打造中国特色社会主义城市典范，推动实现老城市新活力、“四个出新出彩”取得新的更大成就。

2022年7月

（作者系中共广州市委党校常务副校长、研究员）

目 录

引 言

党的十九大报告向世界庄严宣告："经过长期努力，中国特色社会主义进入了新时代，这是我国发展新的历史方位。"[①]党的十九届六中全会明确指出："党的十八大以来，中国特色社会主义进入新时代。"[②]"中国特色社会主义进入新时代，意味着近代以来久经磨难的中华民族迎来了从站起来、富起来到强起来的伟大飞跃，迎来了实现中华民族伟大复兴的光明前景；意味着科学社会主义在二十一世纪的中国焕发出强大生机活力，在世界上高高举起了中国特色社会主义伟大旗帜；意味着中国特色社会主义道路、理论、制度、文化不断发展，拓展了发展中国家走向现代化的途径，给世界上那些既希望加快发展又希望保持自身独立性的国家和民族提供了全新选择，为解决人类问题贡献了中国智慧和中国方案"[③]。进入这样的新时代，"在中华人民共和国发展史上、中华民族发展史上具有重大意义，在世界社会主义发展史上、人类社会发展史上也具有重大意义"[④]。

进入新时代，以习近平同志为主要代表的中国共产党人，坚持把马克思主义基本原理同中国具体实际相结合、同中华优秀传统文化相结合，坚持毛泽东思想、邓小平理论、"三个代表"重要思想、科学发展观，深刻总结并充分运用党成立以来的历史经验，从新的实际出发，创立了习近平新时代中国特色社会主义思想。"习近平新时代中国特色社会主义思想是当代中国马克思主义、二十一世纪马克思主义，是中华文化和中国精神的时代精华，实现了马克思主义中国化新的飞跃。"[⑤]党的十九大把习近平新时代中国特色社会主义思想确定为我们党必须长期坚持的指导思想，实现了党的指导思想的与时俱进；第十三届全国人民代表大会第一次会议表决通过的宪法修正案，郑重地把习近平新时代中国特色社会主义思想载入宪法，

---

① 习近平：《习近平谈治国理政》（第三卷），外文出版社2020年版，第8页。

② 《中共中央关于党的百年奋斗重大成就和历史经验的决议》，人民出版社2021年版，第23页。

③ 习近平：《习近平谈治国理政》（第三卷），外文出版社2020年版，第8–9页。

④ 习近平：《习近平谈治国理政》（第三卷），外文出版社2020年版，第10页。

⑤ 《中共中央关于党的百年奋斗重大成就和历史经验的决议》，人民出版社2021年版，第26页。

实现了国家指导思想的与时俱进。进入新时代，我们必须深入学习贯彻习近平新时代中国特色社会主义思想，在学懂弄通做实上下功夫，切实把学习成效转化为推动党和国家事业发展的强大力量。

进入新时代，面对前进路上复杂多变的国际局势和各种前所未有的困难、风险和挑战，“以习近平同志为核心的党中央，以伟大的历史主动精神、巨大的政治勇气、强烈的责任担当，统筹国内国际两个大局，贯彻党的基本理论、基本路线、基本方略，统揽伟大斗争、伟大工程、伟大事业、伟大梦想，坚持稳中求进工作总基调，出台一系列重大方针政策，推出一系列重大举措，推进一系列重大工作，战胜一系列重大风险挑战，解决了许多长期想解决而没有解决的难题，办成了许多过去想办而没有办成的大事，推动党和国家事业取得历史性成就、发生历史性变革”[①]。然而，当今世界正在经历百年未有之大变局，要抓住机遇、迎接挑战，实现新的更大发展，必须有党的坚强领导和思想认识上的广泛统一。因此，“党确立习近平同志党中央的核心、全党的核心地位，确立习近平新时代中国特色社会主义思想的指导地位，反映了全党全军全国各族人民共同心愿，对新时代党和国家事业发展、对推进中华民族伟大复兴历史进程具有决定性意义”[②]。

进入新时代，我们比历史上任何时期都更接近、更有信心和能力实现中华民族伟大复兴的目标。党面临的主要任务是“实现第一个百年奋斗目标，开启实现第二个百年奋斗目标新征程，朝着实现中华民族伟大复兴的宏伟目标继续前进”[③]。然而，我们也要清醒地认识到：“行百里者半九十。中华民族伟大复兴，绝不是轻轻松松、敲锣打鼓就能实现的。全党

---

① 《中共中央关于党的百年奋斗重大成就和历史经验的决议》，人民出版社2021年版，第27页。

② 《中共中央关于党的百年奋斗重大成就和历史经验的决议》，人民出版社2021年版，第26页。

③ 《中共中央关于党的百年奋斗重大成就和历史经验的决议》，人民出版社2021年版，第23页。

必须准备付出更为艰巨、更为艰苦的努力。”[①]因此，任何贪图享受、消极懈怠、回避矛盾、不敢担当的思想和行为都是错误的。进入新时代必须坚定理想信念，践行初心使命，不负人民重托，无愧历史选择，“永葆‘闯’的精神、‘创’的劲头、‘干’的作风，努力续写更多‘春天的故事’，努力创造让世界刮目相看的新的更大奇迹”[②]！

进入新时代，我国社会主要矛盾已经转化为人民日益增长的美好生活需要和不平衡不充分的发展之间的矛盾。其中，人民日益增长的美好生活需要既包括数量上的广泛也包括质量上的提升，不仅表现为对物质生活条件和环境的改善有更多和更高的期待，还表现为在民主、法治、公平、正义、安全、环境等方面的要求日益增长，而且更表现为对精神文化生活在丰富度和品质化上的要求越来越高。为了满足人民日益增长的美好生活需要，就必须坚持以人民为中心的发展思想，把握发展新阶段、树立新发展理念、构建发展新格局，推动高质量发展，着力解决好不平衡不充分的问题。为此，我们要“以更大的政治勇气和智慧推进全面深化改革，敢于啃硬骨头，敢于涉险滩，突出制度建设，注重改革关联性和耦合性，真枪真刀推进改革，有效破除各方面体制机制弊端”[③]，奋力谱写新时代中国特色社会主义事业发展的壮丽篇章。

进入新时代，需要“全体中华儿女勠力同心、奋力实现中华民族伟大复兴中国梦”，需要“巩固全党全国各族人民团结奋斗的共同思想基础”。[④]为此，必须坚定文化自信，自觉担负起新时代的文化使命，更好构筑中国精神、中国价值、中国力量。要坚持中国特色社会主义文化发展道路，激发全民族文化创新创造活力，建设社会主义文化强国；要坚持马克

---

① 习近平：《习近平谈治国理政》（第三卷），外文出版社2020年版，第12页。

② 习近平：《在深圳经济特区建立40周年庆祝大会上的讲话》，《人民日报》2020年10月15日。

③ 《中共中央关于党的百年奋斗重大成就和历史经验的决议》，人民出版社2021年版，第37页。

④ 《中共中央关于党的百年奋斗重大成就和历史经验的决议》，人民出版社2021年版，第44页。

思主义，牢固树立共产主义远大理想和中国特色社会主义共同理想，培育和践行社会主义核心价值观，不断增强意识形态领域主导权和话语权；要推动中华优秀传统文化创造性转化、创新性发展，继承革命文化，发展社会主义先进文化，在实践创造中进行文化创造，在历史进步中实现文化进步；要推动文化事业和文化产业发展，为满足人民过上美好生活的精神文化需要提供丰富的精神食粮；要加强思想道德建设，唱响主旋律、弘扬正能量，全面提高人民的思想觉悟、道德水准、文明素养和全社会的文明程度；要加快国际传播能力和话语体系建设，向世界讲好中国故事、中国共产党故事，传播好中国声音。

进入新时代，得改革开放风气之先的广州在经济社会快速发展的基础上，文化建设迈出新步伐、取得新成效，进入文化繁荣发展和文化综合实力显著提升的新阶段。党的十八大以来，广州以习近平新时代中国特色社会主义思想为指导，认真学习习近平总书记关于社会主义文化建设重要论述，全面贯彻落实习近平总书记视察广东重要讲话和对广东工作重要指示批示精神，围绕提升作为国家中心城市的文化引领功能、奋力打造社会主义文化强国的城市范例、实现文化综合实力出新出彩，对全面深化文化体制改革、激发文化创新创造活力、推动社会主义文化繁荣兴盛进行了系统布局、总体设计和全面发力，促进广州文化建设从“补课式”发展走向“引领型”提升。这是推动广州文化发展进入高质量、快车道的一次历史性转型。通过这一重要转型，广州文化发展在城市文化形象、社会文明风尚、文化综合实力、文化服务体系、历史文化传承、文化创新创造等方面都获得了长足进步。如今，一个以传承岭南文化为根脉、以弘扬红色文化为魂魄、以发展社会主义先进文化为引领的“文化广州”，正以越来越强大的文化影响力阔步走向世界，成为让世界读懂中国的“重要窗口”。

为了总结十年来广州文化发展的成就和经验，深化对加强文化建设的规律性认识，进一步提升城市文化功能和发展优势，增强参与国际城市竞争的文化综合实力，我们课题组在深入研究的基础上撰写了这本《十年欣荣——新时代广州文化发展之路》。期待本书能帮助广大读者更深入了解广州文化底蕴、读懂广州文化品格、支持广州文化发展，以此书献给那些一直默默无闻为广州文化发展辛勤耕耘的奋斗者。在接续奋斗、开启新征程的创新实践中，我们相信广州一定会以更强大的文化赋能实现老城市新活力，向世界展示更加欣欣向荣的文化风采。

第一章

推动文明城市建设

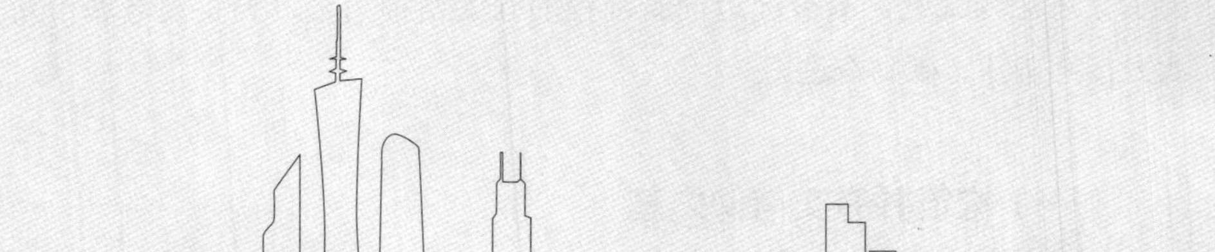

党的十八大以来，广州在文化建设上坚持以习近平新时代中国特色社会主义思想为指导，深入学习贯彻习近平总书记关于宣传思想工作和精神文明建设的重要论述，围绕举旗帜、聚民心、育新人、兴文化、展形象的使命任务，以推动全国文明城市创建不断迈上新水平为重要抓手，持续深化精神文明建设。推动思想理论引领全面深化、文明教育持续加强、崇德向善之风日益浓厚，广州于2020年第四次荣膺“全国文明城市”称号，文明城市建设不断迈上新台阶，为广州迈向新征程、实现老城市新活力提供了强有力的思想引领、道德支撑和精神力量。

一、加强新时代思想理论武装

文化既是城市的灵魂也是城市品格的内涵，不仅体现一个城市的历史沉淀，而且还从理性精神上决定一个城市的未来发展。广州是一座具有2200多年建城历史的文化名城，文化底蕴十分丰厚。一方面，作为岭南文化的中心地，广州历来在历史文化传承方面具有强大影响力；另一方面，作为改革开放的前沿地，走在全国前列的持续快速发展也不断彰显出“文化广州”的强大优势。进入新时代，广州正在以习近平新时代中国特色社会主义思想为武装，凝聚起迈向新征程的强大精神力量，为实现老城市新活力接续奋斗、砥砺奋进。

（一）构筑并夯实信仰之基

信仰，是人们为之奋斗的最高精神追求。在社会生活当中，每个人都有自己的信仰和追求，并深刻影响着各自的社会生活态度以及社会行为的价值取向，一旦人们对社会文明进步形成共同认识、普遍追求和强烈期盼，就会凝聚成推动社会前进的强大精神力量。习近平总书记指出：“人民有信仰，国家有力量，民族有希望。”[①]显然，构筑并夯实信仰之基就成为坚持中国特色社会主义文化发展道路、建设社会主义文化强国的重中之重，也成为推动文明城市建设、增强城市文化软实力的重中之重。

信仰引领文化，文化支撑信仰。党的十八大以来，高举中国特色社会主义伟大旗帜、坚持和发展中国特色社会主义，是我们党团结带领全国各族人民为实现两个“百年奋斗目标”而奋斗的思想共识和行动纲领，是勠力同心实现中华民族伟大复兴中国梦的希望所在。习近平总书记指出：“党和国家的长期实践充分证明，只有社会主义才能救中国，只有中国特色社会主义才能发展中国。只有高举中国特色社会主义伟大旗帜，我们才能团结带领全党全国各族人民，在中国共产党成立100年时全面建成小康社会，在新中国成立100年时建成富强民主文明和谐的社会主义现代化国家，赢得中国人民和中华民族更加幸福美好的未来。”[②]这是进入新时代实现共产党人理想和追求的信仰之基。把构筑并夯实这样的信仰之基融入文明城市建设过程之中，不仅需要从思想理论上深刻认识“中国特色社会主义是中国共产党和中国人民团结的旗帜、奋进的旗帜、胜利的旗帜”[③]，更需要在实践上始终高举中国特色社会主义伟大旗帜，坚定不移坚持和发展中国特色社会主义。

一般而言，作为信仰的理想信念都是比较抽象的价值追求，而且作为对未来发展目标的预期会有许多的不确定性。然而，共产党人作为实践的唯物主义者和共产主义者，从来都把自己的信仰建立在具体实践的基础上，把理想信念具体化为实践过程中不同阶段要实现的目标和任务，这就决定了共产党人要以改造世界为己任、把对理想信念的追求体现在推动事业发展的不断奋斗之中。在不同时期，由于要担负的历史使命和要完成的阶段性任务不同，共产党人就把自己的信仰和信念通过具体的行动纲领呈现出来，成为指导实践的行动指南。中国共产党自

---

① 习近平：《习近平谈治国理政》（第三卷），外文出版社2020年版，第33页。

② 习近平：《习近平谈治国理政》（第一卷），外文出版社2018年第2版，第7页。

③ 习近平：《习近平谈治国理政》（第一卷），外文出版社2018年第2版，第8页。

成立以来，始终把为中国人民谋幸福、为中华民族谋复兴作为自己的初心使命，始终坚持共产主义理想和社会主义信念，团结带领全国各族人民为争取民族独立、人民解放和实现国家富强、人民幸福而不懈奋斗，已经走过一百年光辉历程，“书写了中华民族几千年历史上最恢宏的史诗”[①]。其中，中国特色社会主义是改革开放以来我们党团结带领全党全国人民历经千辛万苦、付出各种代价、接力探索取得的根本成就。新时代坚持和发展中国特色社会主义，是中国共产党人把坚定的理想信念同当代中国具体实践相结合所形成的共同追求，是把马克思主义信仰和共产主义信念落实到具体行动的使命任务。“党的十八大以来，中国特色社会主义进入新时代。党面临的主要任务是，实现第一个百年奋斗目标，开启实现第二个百年奋斗目标新征程，朝着实现中华民族伟大复兴的宏伟目标继续前进。”[②]因此，在文化建设上必须高举中国特色社会主义伟大旗帜，“更好构筑中国精神、中国价值、中国力量，巩固全党全国各族人民团结奋斗的共同思想基础”[③]。

进入新时代，广州在文化建设过程中始终坚持用社会主义先进文化、革命文化、中华优秀传统文化培根铸魂，围绕不断深化对“中国特色社会主义为什么好”“马克思主义为什么行”“中国共产党为什么能”的理性认识，广泛开展理想信念教育，不断增强对“中国特色社会主义道路是实现社会主义现代化、创造人民美好生活的必由之路，中国特色社会主义理论体系是指导党和人民实现中华民族伟大复兴的正确理论，中国特色社会主义制度是当代中国发展进步的根本制度保障，中国特色社会主义文化是激励全党全国各族人民奋勇前进的强大精神力量”[④]的思想认识，着力筑

① 《中共中央关于党的百年奋斗重大成就和历史经验的决议》，人民出版社2021年版，第2页。

② 《中共中央关于党的百年奋斗重大成就和历史经验的决议》，人民出版社2021年版，第23页。

③ 《中共中央关于党的百年奋斗重大成就和历史经验的决议》，人民出版社2021年版，第44页。

④ 习近平：《习近平谈治国理政》（第三卷），外文出版社2020年版，第13页。

牢推动城市文明发展的精神支柱和为实现中华民族伟大复兴中国梦而奋斗的共同追求。可以说，党的十八大以来，广州对坚持和发展中国特色社会主义有着坚定道路自信、理论自信、制度自信和文化自信，对“既不走封闭僵化的老路，也不走改旗易帜的邪路”有着清醒认知，对开创全面建设社会主义现代化国家新征程、为实现第二个“百年奋斗目标”有着砥砺奋进、接续奋斗的信心和希望。

（二）推动理论学习常态化

对走在改革开放前列的广州来说，加强马克思主义的理论学习和强化意识形态上的思想武装一直都具有许多特殊的重要性和紧迫性，进入新时代同样如此。一方面，随着对外开放不断深入，广州参与国际经贸活动和文化交流越来越频繁，很容易受到世界范围各种思想文化相互激荡的强烈冲击，西方势力也会利用各种途径对我们进行文化传播和渗透，加之网络空间各种声音相互混杂，网络舆论乱象丛生，意识形态领域的斗争异常复杂。另一方面，随着改革开放以来广州的经济社会发展水平快速提升，人民群众物质生活水平不断提高，对美好生活的渴望日益强烈，而在发展过程中不平衡、不充分的问题和矛盾仍大量存在，尤其在现实生活当中会不可避免引发这样或那样的利益纠纷，很容易因获得感和公平感的缺失而产生负面情绪，甚至出现心理上、心态上的失衡，导致对未来发展感到悲观，失去信心和勇气，给拜金主义、享乐主义、极端个人主义和历史虚无主义等各种错误思潮的滋生、繁衍和传播提供诸多条件，给社会主义核心价值观和价值体系的培育带来十分严峻的挑战。这表明，进入新时代广州的文化建设不仅不能松懈，还必须要从新的历史方位出发，加强马克思主义的理论武装，才能统一思想认识，维护文化安全。为此，党的十八大以来，广州在文化建设上坚持以习近平新时代中国特色社会主义思想为指导，着力加强对党的创新理论的学习，通过制度化和常态化的理论学习，深刻领会习近平新时代中国特色社会主义思想的精神实质和丰富内涵，不断增强中国特色社会主义的理论自信。

首先，紧紧围绕坚持和发展中国特色社会主义，深入开展对党的十八大精神的学习和领会。党的十八大报告勾画了在新的历史条件下全面建成小康社会、加快推进社会主义现代化、夺取中国特色社会主义新胜利的宏伟蓝图，是我们党团结带领全国各族人民沿着中国特色社会主义道路继续前进、为全面建成小康社会而奋斗的政治宣言和行动纲领，需要我们从理论与实践的结合中认真学习、深入领会。习近平总书记指出："坚持和发展中国特色社会主义是贯穿党的十八大报告的一条主线。我们要紧紧抓住这条主线，把坚持和发展中国特色社会主义作为学习贯彻党的十八大精神的聚焦点、着力点、落脚点，只有这样，才能把党的十八大精神学得更加深入、领会得更加透彻、贯彻得更加自觉。"①按照习近平总书记提出的要求和党中央作出的决策部署，广州持续开展对党的十八大精神的学习、领会和贯彻。在不断深化的理论学习中，充分认识党的十八大提出的在新的历史条件下夺取中国特色社会主义新胜利必须牢牢把握的新要求，是我们党对共产党执政规律、社会主义建设规律、人类社会发展规律的新认识，"表明我们党对中国特色社会主义规律的认识达到了新水平"②；充分认识在新的历史条件下共产党人必须坚守自己的精神追求，"以更加坚定的信念、更加顽强的努力，毫不动摇坚持、与时俱进发展中国特色社会主义，不断丰富中国特色社会主义的实践特色、理论特色、民族特色、时代特色"③；充分认识新形势下加强党的建设面临"四大考验"和"四种危险"，落实党要管党、从严治党的任务比任何时候都更为繁重、更为紧迫，必须牢牢把握党的建设总要求，不断提高党的领导水平和执政水平、提高拒腐防变和抵御风险能力，在坚持和发展中国特色社会主义的历史进程中始终成为坚强的领导核心。

其次，紧紧围绕决胜全面建成小康社会、夺取新时代中国特色社会

① 习近平：《习近平谈治国理政》（第一卷），外文出版社2018年第2版，第7页。
② 习近平：《习近平谈治国理政》（第一卷），外文出版社2018年第2版，第12-13页。
③ 习近平：《习近平谈治国理政》（第一卷），外文出版社2018年第2版，第17页。

主义伟大胜利，深入开展对党的十九大精神的学习和领会。中国共产党第十九次全国代表大会，是在全面建成小康社会决胜阶段、中国特色社会主义进入新时代的关键时期召开的一次十分重要的大会。这次大会以“不忘初心，牢记使命，高举中国特色社会主义伟大旗帜，决胜全面建成小康社会，夺取新时代中国特色社会主义伟大胜利，为实现中华民族伟大复兴的中国梦不懈奋斗”①为主题，明确了新时代中国共产党的历史使命，确立了新时代中国特色社会主义思想和基本方略，作出了决胜全面建成小康社会、开启全面建设社会主义现代化国家新征程的战略，展示了中华民族勠力同心走向伟大复兴的光明前景。党的十九大报告既是我们迈向新时代进行伟大斗争、建设伟大工程、推进伟大事业、实现伟大梦想的行动纲领，也是我们学习领会马克思主义中国化最新成果的重要理论文献。在思想文化建设中，深化对马克思主义的理论学习，就必须把党的十九大精神深入领会好、贯彻好，为决胜全面建成小康社会、建设社会主义现代化国家、实现中华民族的伟大复兴凝聚思想共识，形成强大精神力量。

再次，紧紧围绕总结党的百年奋斗重大成就和历史经验，深入开展党史学习教育。中国共产党领导中国人民走过的百年历程，是光荣辉煌的一百年，也是艰苦卓绝的一百年；是奠基立业的一百年，也是开辟未来的一百年。在一百年的接续奋斗中，党领导人民创造了伟大历史，铸就了伟大精神，形成了宝贵经验，使中华民族迎来了从站起来、富起来到强起来的伟大飞跃，创造了中华民族发展史、人类社会进步史上的伟大奇迹。党的百年奋斗从根本上改变了中国人民的前途命运，开辟了实现中华民族伟大复兴的正确道路，展示了马克思主义的强大生命力，深刻影响了世界历史进程，锻造了走在时代前列的中国共产党，“书写了中华民族几千年历史上最恢宏的史诗”②。开展党史学习教育，是马克思主义理论学习的最好教材，可以从党的百年奋斗中看清楚过去我们为什么能够成功、弄明白未

① 习近平：《习近平谈治国理政》（第三卷），外文出版社2020年版，第1页。

② 《中共中央关于党的百年奋斗重大成就和历史经验的决议》，人民出版社2021年版，第2页。

来我们怎样才能继续成功，从而更加坚定、更加自觉地践行初心使命，在新时代更好坚持和发展中国特色社会主义。为此，广州紧扣“学史明理、学史增信、学史崇德、学史力行”和“学党史、悟思想、办实事、开新局”的总要求，深入学习领会习近平总书记关于党史的重要论述，深入学习《中共中央关于党的百年奋斗重大成就和历史经验的决议》，从历史和现实的双重维度出发，深刻把握马克思主义的科学性和真理性、人民性和实践性、开放性和时代性，以增强用马克思主义中国化的科学理论引领坚持和发展中国特色社会主义伟大实践的行动自觉。

（三）坚持把理论送到基层

理论是行动的先导，也是照进现实生活、引领社会文明进步的光芒。文明社会的建构内含着人类共同向往的理想和追求，表现为社会生活水平不断提升和人的思想道德素质不断提升的双重演进。在这一过程中，不同的文明程度既展现出人类知识、能力和智慧所达到的水平和层次，也反映了人们对社会生活意义所形成的不同理解和追求。因此，推动实现社会的文明进步既需要通过发展社会生产力来实现物质文明不断发展，以获得经济繁荣和物质财富的不断积累，更需要通过文化建设和文化繁荣来实现精神文明的不断发展，以促进人们的思想观念、价值理性和道德境界不断提升。就思想道德素质提升而言，加强文化和精神文明建设是一项必不可少的系统工程，因为只有经过文化熏陶和科学理论的指引，才能更好地认识和把握社会进步的必然规律，培育全社会普遍认知、理解和追求的理想信念，构筑文明社会的价值体系和行为准则，营造出积极向上、美美与共的文明风尚。

关于理论的指导作用，恩格斯明确指出“一个民族要想站在科学的最高峰，就一刻也不能没有理论思维”[①]。而能否进行理论思维的基本前提就

---

① 中共中央马克思恩格斯列宁斯大林著作编译局编译：《马克思恩格斯选集》第3卷，人民出版社2012年版，第875页。

在于是否有理论的武装，能否有辨别理论是非的科学尺度，这还进一步涉及是否有科学世界观和方法论为指导，以及是否获得对世界发展规律的新认知问题。对此，习近平总书记指出："人类社会每一次重大跃进，人类文明每一次重大发展，都离不开哲学社会科学的知识变革和思想先导。"[①]其实，在人类文明演进过程中，理论的建构和理论思维的应用本身就是文明进步的重要标志。它既表明人类对世界认识所达到的程度和水平；也表明如果建立在科学世界观和方法论基础之上的科学理论思维能够得到广泛的应用，那么人类文明的发展就一定能步入更加自为和自如的理性高度。城市作为人类文明的集中体现，城市的文明程度标志着人类文明的发展水平。推动文明城市建设既需要在物质文明建设上下功夫，大力推动经济发展，为人类文明发展提供丰富的物质财富，更要在精神文明建设上下功夫，大力推动文化发展，为人类文明进步提供丰富的精神财富。因而，在城市精神文明建设过程中，需要有基于"理论一经掌握群众"[②]所形成的强大向心力、整合力和矫正力，并构建为实现共同理想而团结奋斗的人文基础和理性向往。

从这种意义上说，文明城市建设需要高度重视加强对基层群众的理论宣传和思想教育，提升公众善于用科学世界观和方法论去分析问题、辨别是非、形成共识的理论素养和理论思维，以此形成人人向往文明、崇尚文明的社会风气。基于这样的理论逻辑和实践逻辑，进入新时代的广州在文化建设中非常注重在全社会进行马克思主义理论的学习和宣传，尤其注重加强传播手段和话语方式创新，面向基层群众广泛宣传习近平新时代中国特色社会主义思想，切实让党的创新理论"飞入寻常百姓家"。习近平新时代中国特色社会主义思想系统回答了"新时代坚持和发展什么样的中国特色社会主义、怎样坚持和发展中国特色社会主义"这一重大时代课题，以全新的视野深化对共产党执政规律、社会主义建设规律、人类社会发展

---

① 习近平：《在哲学社会科学工作座谈会上的讲话》，《人民日报》2016年5月18日。

② 中共中央马克思恩格斯列宁斯大林著作编译局编译：《马克思恩格斯选集》第1卷，人民出版社2012年版，第9-10页。

规律的认识，是当代中国马克思主义、二十一世纪马克思主义，是全党全国人民为实现中华民族伟大复兴而奋斗的指导思想和行动指南。时代是思想之母，实践是理论之源；实践没有止境，理论创新也没有止境。在新时代加强马克思主义的理论武装，就是要推动习近平新时代中国特色社会主义思想深入人心，为迈向新时代、奋进新征程、战胜各种风险挑战提供与时俱进的思想共识和方向指引。因为“理论一经掌握群众，也会变成物质力量”[①]。所以，让党的创新理论“飞入寻常百姓家”，关键要用习近平新时代中国特色社会主义思想武装广大人民群众，教育、引导群众形成以党的创新理论指导新实践的广泛自觉，在全社会凝聚起坚持真理、勇毅前行、砥砺奋进的强大精神力量。

首先，从党政机关、企事业单位到基层社区要广泛组织开展对《习近平谈治国理政》第一、第二、第三、第四卷的学习和宣传，结合对《习近平新时代中国特色社会主义思想学习纲要》的学习，引导基层群众全面学习、深刻领会习近平新时代中国特色社会主义思想的理论体系、丰富内涵、重要论断和实践要求，领会和把握好贯穿其中的马克思主义立场观点方法，不断提高马克思主义的理论水平。其次，通过开展多形式、分层次、全覆盖的学习培训，包括组织专题学习、专家讲坛、成立“新时代红色文化讲习所”、开展“微党课”、组织开展“知识竞赛”等，推动习近平新时代中国特色社会主义思想不断深入人心、落地生根，引导广大干部群众增强“四个意识”、坚定“四个自信”、做到“两个维护”，不断筑牢信仰之基、补足精神之钙、把稳思想之舵。再次，要在如何做到知行合一、学以致用上下功夫，着力增进政治认同、思想认同、情感认同，把对习近平新时代中国特色社会主义思想的学习领会转化为做好本职工作、推动事业发展的生动实践，强化“学、思、用贯通”和“知、信、行统一”，自觉用习近平新时代中国特色社会主义思想指导应对迈进新时代

① 中共中央马克思恩格斯列宁斯大林著作编译局编译：《马克思恩格斯选集》第1卷，人民出版社2012年版，第9-10页。

需要面对的困难、风险和挑战，解决改革发展稳定的重大问题、人民群众反应强烈的突出问题、党的建设面临的紧迫问题，为广州在新时代的接续发展中继续走在全国前列凝聚起强大的精神力量。

（四）贯彻落实新发展理念

习近平总书记指出："马克思主义不是书斋里的学问，而是为了改变人民历史命运而创立的，是在人民求解放的实践中形成的，也是在人民求解放的实践中丰富和发展的，为人民认识世界、改造世界提供了强大精神力量。"[①]中国共产党自成立之日起就坚定不移地高举马克思主义的大旗，用马克思主义中国化的最新理论成果指引中国特色社会主义革命、建设、改革实践，从建党的开天辟地，到新中国成立的改天换地，到改革开放的翻天覆地，再到党的十八大以来的惊天动地，让马克思主义始终焕发出强大的真理光芒和实践伟力，深刻改变了中国，也深刻改变了世界。实践证明，马克思主义揭示了人类社会发展规律，既是引领人类文明进步和发展、实现从必然王国向自由王国飞跃的科学理论，更是在社会变革的伟大实践中为人民谋幸福、指明实现自由和解放道路的科学理论。因此，加强理论武装关键在于用马克思主义指导实践，顺应社会历史进步的规律，不断推动事业的新发展。

党的十九大报告明确指出"中国特色社会主义进入了新时代，这是我国发展新的历史方位"[②]；并且明确强调：这个新时代"是承前启后、继往开来、在新的历史条件下继续夺取中国特色社会主义伟大胜利的时代，是决胜全面建成小康社会、进而全面建设社会主义现代化强国的时代，是全国各族人民团结奋斗、不断创造美好生活、逐步实现全体人民共同富裕的时代，是全体中华儿女勠力同心、奋力实现中华民族伟大复兴中国

---

① 习近平：《在纪念马克思诞辰200周年大会上的讲话》，《人民日报》2018年5月5日。

② 习近平：《习近平谈治国理政》（第三卷），外文出版社2020年版，第8页。

梦的时代，是我国日益走近世界舞台中央、不断为人类作出更大贡献的时代”①。这样的新时代，是每个中国人都扬眉吐气、可以期待梦想成真的时代。所以，我们应当以习近平新时代中国特色社会主义思想为指导，豪情满怀、信心百倍、意气风发地拥抱新时代、奋进新时代、建功新时代，为推动人类文明的新发展作出更大的贡献，不负历史、不负韶华、不辱使命。

进入新时代，我们既要决胜全面建成小康社会，更要朝着实现第二个“百年奋斗目标”迈进。习近平总书记指出：“全面建成小康社会后，我们将开启全面建设社会主义现代化国家新征程，我国发展环境面临深刻复杂变化，发展不平衡不充分问题仍然突出，经济社会发展中矛盾错综复杂，必须从系统观念出发加以谋划和解决，全面协调推动各领域工作和社会主义现代化建设。”②为了进一步走稳、走好中国特色社会主义发展道路，党的十九届五中全会通过《中共中央关于制定国民经济和社会发展第十四个五年规划和二〇三五年远景目标的建议》（以下简称《建议》），将“十四五”规划与2035年远景目标统筹考虑、系统布局，确定“十四五”时期经济社会发展基本思路、主要目标以及2035年远景目标。在“十四五”时期经济社会发展的指导思想上，《建议》明确提出：要高举中国特色社会主义伟大旗帜，深入贯彻党的十九大和十九届二中、三中、四中、五中全会精神，坚持以马克思列宁主义、毛泽东思想、邓小平理论、“三个代表”重要思想、科学发展观、习近平新时代中国特色社会主义思想为指导，全面贯彻党的基本理论、基本路线、基本方略，统筹推进经济建设、政治建设、文化建设、社会建设、生态文明建设的总体布局，协调推进全面建设社会主义现代化国家、全面深化改革、全面依法治国、全面从严治党的战略布局，坚定不移贯彻创新、协调、绿色、开放、共享的新发展理念，坚持稳中求进工作总基调，以推动高质量发展为主

① 习近平：《习近平谈治国理政》（第三卷），外文出版社2020年版，第9页。

② 习近平：《关于〈中共中央关于制定国民经济和社会发展第十四个五年规划和二〇三五年远景目标的建议〉的说明》，《人民日报》2020年11月4日。

题，以深化供给侧结构性改革为主线，以改革创新为根本动力，以满足人民日益增长的美好生活需要为根本目的，统筹发展和安全，加快建设现代化经济体系，加快构建以国内大循环为主体、国内国际双循环相互促进的新发展格局，推进国家治理体系和治理能力现代化，实现经济行稳致远、社会安定和谐，为全面建设社会主义现代化国家开好局、起好步。

为了贯彻落实好党中央这一重大决策部署，尤其需要我们深化对新发展理念的理论认识，以“突出新发展理念的引领作用”①。习近平总书记指出：“发展必须是科学发展，必须坚定不移贯彻创新、协调、绿色、开放、共享的发展理念。”②为此，“要强化政治监督，确保完整、准确、全面贯彻新发展理念。要把握新发展阶段、贯彻新发展理念、构建新发展格局、推动高质量发展，引导督促党员、干部真正悟透党中央大政方针，时时处处向党中央看齐，扎扎实实贯彻党中央决策部署，不打折扣、不做表面文章，纠正自由主义、本位主义、保护主义，不因一时一地利益而打小算盘、耍小聪明，确保执行不偏向、不变通、不走样”③。按照党中央的决策部署和习近平总书记提出的要求，广州高度重视把新发展理念贯彻落实到开展理论学习、推动经济社会发展、促进城市文明进步的各项工作当中。一方面，从理论层面，深刻认识新发展理念是分析近代以来世界发展历程特别是总结我国改革开放成功实践得出的结论，是我们应对发展环境变化、增强发展动力、把握发展主动权，更好引领新常态的根本之策，是对推动马克思主义与时俱进的重大理论创新。另一方面，从实践维度把新发展理念落实到《广州市国民经济和社会发展第十四个五年规划和2035年远景目标纲要》当中，成为进入新时代推动广州经济社会发展迈向新征程

---

① 习近平：《关于〈中共中央关于制定国民经济和社会发展第十四个五年规划和二〇三五年远景目标的建议〉的说明》，《人民日报》2020年11月4日。

② 习近平：《决胜全面建成小康社会 夺取新时代中国特色社会主义伟大胜利——在中国共产党第十九次全国代表大会上的报告》，人民出版社2017年版，第21页。

③ 习近平：《坚持严的主基调不动摇 坚持不懈把全面从严治党向纵深推进——在十九届中央纪委六次全会上发表重要讲话》，《人民日报》2022年1月19日。

的“指挥棒”“红绿灯”[①]，对不适应、不适合新发展理念的认识要调整，行为要纠正，做法要摒弃，力求在实际工作中做到“崇尚创新、注重协调、倡导绿色、厚植开放、推进共享”[②]。

二、培育新时代城市人文精神

一个民族需要有民族精神，一个城市同样需要有城市精神，只有城市精神才最能彰显一个城市所具有的特色风貌。加强城市文化建设迫切需要结合自身的历史传承、区域文化、时代要求，打造自己的城市精神，对外树立形象，对内凝聚人心。进入新时代，广州以倡导和践行社会主义核心价值观为引领，大力培育城市人文精神，以营造坚定理想、积极向上的社会文明之风和求真务实、充满活力的干事创业氛围。

（一）凝聚追梦前行的共同向往

人文精神是人们在社会生活中形成的思想观念、处事态度、价值追求，以及意志品质等的总和，内含自身文化素质、心性修养、道德品质所达到的文明境界，既体现着一个人的精神面貌，也反映出一个国家、一个民族的文明风尚。人文精神的培育对于文明城市建设至关重要，如果一个城市主导的文化价值观缺失、道德精神紊乱、社会风气不良，那么其物质景观再怎么精美也无法展示出好的文化形象。在城市人文精神的培育过程中，首先要解决的就是对城市发展的价值认同问题，这是一个城市有没有

---

① 中共中央宣传部：《习近平新时代中国特色社会主义思想学习纲要》，学习出版社、人民出版社2019年版，第109页。

② 中共中央宣传部：《习近平新时代中国特色社会主义思想学习纲要》，学习出版社、人民出版社2019年版，第111页。

向心力和凝聚力的关键。因为城市人文精神的培育不是某个人的思想、态度和意志，而是建立在公共价值理性基础上的普遍共识、基本态度和总体心境，要以人们对城市发展是否具有信心和希望作为衡量尺度。如果人们对城市发展充满信心和希望，可以让自己实现人生的理想和追求，那么城市就具有向心力和凝聚力，其人文精神的培育就容易获得基于广泛共识的理性支撑；如果城市的发展不能让人们看到美好的未来或者让人看不到自身价值实现的可能，那么城市就会缺少向心力和凝聚力，其人文精神的培育就很难获得基于广泛共识的理性认同。因此，城市人文精神的培育要以在城市发展过程中获得公共价值认同并形成面向未来的共同向往作为基本前提。

在实践中，城市人文精神的培育是一个不断提升的过程，不能一蹴而就，也不会一劳永逸，必须体现时代性的内涵和要求。在时代性上，它要在时代进步和发展的必然趋势中获得新的意义理解并形成社会共识。中国特色社会主义进入新时代，这是我们在城市建设和发展中凝聚思想共识的重要前提或者说是意义建构的基本指引。因为一个城市的建设和发展总是同国家发展、民族振兴的命运密切联系在一起的，城市兴则有助于国家强民族兴，国家强民族兴也有助于城市兴。一方面，国家发展、民族振兴要通过城市的建设和发展来支撑，如果每个城市经济社会快速发展、实力显著增强，那么国家综合国力变强、民族振兴的希望就大；另一方面，国家发展、民族振兴为城市的建设和发展提供信心和希望，如果国家越来越富强、民族振兴的前景越来越光明，那么城市的建设和发展就越来越能充满活力与魅力。这就意味着，中国特色社会主义进入新时代既是党和国家事业发展进入新时代，也是当今中国城市建设和发展进入新时代。因此，城市人文精神的培育要在这样的新时代背景中找到形成理性共识的契合点，从而增强对城市发展进步的认同感和自豪感，进而激发出公众一起筑梦新时代的强烈社会共鸣。

众所周知，得改革开放风气之先的广州在推动城市经济社会发展过程中一直勇立潮头，市民参与改革发展的热情高涨、信心十足，以经济持续快速健康发展、人民生活水平显著提升、城市综合实力不断增强的历史性进步，书写了当好“排头兵”、走在全国前列的卓越篇章。受岭南文化熏陶、崇尚求真务实的广州人，历来主张以事实论是非、以成败论英雄，对于改革开放四十多年所取得的发展进步是非常认可和满意的。可以说，基于改革开放给广州带来的发展和给广州人带来的实惠，“不改革开放，不发展经济，不改善人民生活，只能是死路一条”①的理念在广州早已深入人心，不仅形成共识而且还成为自觉。在社会心理和精神状态上，广州人始终相信“发展才是硬道理”，因而对所在城市的发展充满信心，更对所希望的生活充满期待。党的十八大以来，随着中国特色社会主义进入新时代，广州对人文精神的培育进入新阶段，主要围绕新时代如何凝聚继续追梦前行的共同向往，以期激发出广州人更加坚定信念、积极向上的精神状态。

为此，广州面向公众广泛开展奋进新时代、“实现中华民族伟大复兴中国梦”的宣传教育。习近平总书记指出：“实现中华民族伟大复兴，就是中华民族近代以来最伟大的梦想。这个梦想，凝聚了几代中国人的夙愿，体现了中华民族和中国人民的整体利益，是每一个中华儿女的共同期盼。”②面向公众广泛开展这一宣传和教育，就是要让市民充分认识“国家好、民族好，大家才会好”③，自觉把自己的前途命运与国家和民族的前途命运紧密相连，从而为实现中华民族伟大复兴的中国梦凝聚起磅礴力量。广州利用各级党校课堂、红色讲堂、新时代文明实践中心和各类宣传媒体、展馆，开展以“中国梦”为主题的各种宣传教育，向广大基层群众讲清楚“实现中华民族伟大复兴的中国梦，就是要实现国家富强、民族振兴、人民幸福，既深深体现了今天中国人的理想，也深深反映了我们先人们不懈追求进步的光荣传统”④，着力让“中国梦”成为照进现实、引导发

① 邓小平：《邓小平文选》（第三卷），人民出版社1993年版，第370页。

② 习近平：《习近平谈治国理政》（第一卷），外文出版社2018年第2版，第36页。

③ 习近平：《习近平谈治国理政》（第一卷），外文出版社2018年第2版，第49页。

④ 习近平：《习近平谈治国理政》（第一卷），外文出版社2018年第2版，第39页。

展、提振精神的最美亮光，成为全民坚定理想信念、奋进新时代、起航新征程的美好期待。

（二）增强奋发有为的使命担当

作为岭南文化中心地的广州，素有求真务实、敢作敢为的文化基因，在人文传承上历来以有本事、会干事、干成事论英雄，主张“马死落地行”，奉行“惟求有益于身，有用于世，有功于古人，有裨于后人”。在岭南文化的浸润下，广州的城市人文品格内含着强烈的奋斗精神，在社群民意当中深深积聚着愿意为国家、民族和家庭的兴旺发达而顽强拼搏的斗志。从历史的维度看，广州以“千年商都”著称于世，表明这里的商业贸易自古以来就十分发达。“千年商都”作为这座城市的名片，意味着这里的百姓都非常勤劳，既要会生产更要懂经营，因而特别奉行“爱拼才会赢”的奋斗精神，有敢为人先、实干兴邦的勇气和担当。

近代以来，从虎门销烟到三元里抗英、从太平天国到洋务运动、从戊戌变法到辛亥革命、从黄埔军校到北伐战争、从省港大罢工到广州起义等，许多与中华民族前途命运联系在一起的重大历史事件都跟广州这座城市密切相关，表明广州在民族危亡的紧急关头能勇立潮头、敢于担当。其中，三元里抗英是鸦片战争时期广州城郊的三元里人民自发组织武装反抗帝国主义侵略的英雄壮举。当时，三元里及周围103乡的农民约15000人组成平英团，相约以“三星旗”作为战斗令旗，“旗进人进，旗退人退，打死无怨”，手持锄头、铁锹、木棍、刀矛、石锤、鸟枪，与英军进行殊死肉搏，歼灭侵略军200多人，缴获大批武器。三元里人民这种“不用官兵，不用国帑，自己出力”的抗英斗争，最能体现“天下兴亡，匹夫有责”的情怀与使命，也最能彰显广州这座城市具有的敢于斗争、不屈不挠的人文精神。

在改革开放过程中，广州把敢于担当、勇于奋斗的人文精神转化为思想解放、敢为人先、求真务实的创新实践，表现出无所畏惧、敢想敢干、舍我其谁的意志品质，因而赢得了先行一步、率先发展的历史性机遇。众所周知，党的十一届三中全会胜利召开，把党和国家的中心工作转移到经济建设上来，全国人民都特别兴奋，非常支持和拥护中央作出的改革开放决策。然而，由于改革开放是前无古人的伟大实践，起步阶段面临许多困难和挑战。广州通过招商引资大力发展“三资企业”，通过盘活市场流通逐步取消凭票供应，通过试行承包经营责任制以提高企业经济效益等举措为经济社会发展赋能，成为敢闯敢干、走在全国前列的排头兵。可以说，改革开放让广州的城市活力得到了前所未有的激发与绽放，也充分体现出这座城市崇尚务实有为的处事风格和以实干为本的责任担当。

早在2008年改革开放走过三十周年历程之际，国家发展和改革委员会就颁布《珠江三角洲地区改革发展规划纲要（2008—2020年）》，要求广州：“增强文化软实力，提升城市综合竞争力，强化国家中心城市、综合性门户城市和区域文化教育中心的地位，提高辐射带动能力。”[①]这就意味着广州要在深化改革、扩大开放的新起点上迈出新步伐，要有作为国家中心城市的担当——代表国家走向世界。为了担负起这一责任和使命，一向勇于奋斗的广州人又从建设国家中心城市的战略布局中再出发，开始了全面提升城市综合实力的再耕耘，因而也推动了培育城市人文精神的再动员。进入新时代，广州以习近平总书记对广东和广州发展作出的系列批示、指示精神为指导，在全面深化改革、推动经济发展转型升级、实现高质量发展、提升国家中心城市功能等方面不断迈出新步伐、开拓新局面，以坚定的信心和昂扬的斗志继续书写敢于担当、“强国有我”的时代新篇，为实现习近平总书记对广州要实现老城市新活力的嘱托而努力奋斗。

2022年4月中上旬，广州与新型冠状病毒变种奥密克戎变异株正面交锋。面对严峻的疫情防控形势，广州切实贯彻落实习近平总书记和党中央

① 国家发展和改革委员会：《珠江三角洲地区改革发展规划纲要（2008—2020年）》，广东省人民政府门户网站，http://www.gd.gov.cn/attachment/0/380/380794/2714955.doc.

决策部署，始终坚持将人民至上、生命至上放在首位，按照科学精准、动态清零的总要求，“快”字当头、紧急动员、迅速行动，坚决遏制疫情扩散蔓延势头。从4月8日晚广州各区陆续启动全员核酸检测后的短短24小时里，全市共开设3571个核酸采样点、15712个采样单元，共完成采样1666.4万份；截至10日12时，全市共采样1918万份。《广州日报》的评论这样写道：“数字写满拼搏——医护人员、社区工作者、党员志愿者等星夜集结，通宵达旦；数字充满力量——一座超大城市的动员能力、组织能力、保障能力，得以体现。”①这也再次表明，广州这座英雄城市确实拥有不畏艰险、百折不挠的人文精神，无论是疫情防控还是面对其他挑战，我们完全有理由相信，肩并肩、手牵手、心连心的广州人，一定会不惧风险、迎难而上、共克时艰，奋力守护相依为命的美好家园。

（三）激昂开拓进取的创新意识

“中国特色社会主义进入新时代”，是我们党团结带领人民进行革命、建设和改革的伟大进程中，“攻克了一个又一个看似不可攻克的难关，创造了一个又一个彪炳史册的人间奇迹”②而实现的伟大历史进步。实现这一进步的思想前提，在于我们党以马克思主义基本理论为指导，坚持实践是检验真理的唯一标准，不断破除阻碍国家和民族发展的一切思想和体制障碍，科学回答了什么是社会主义和怎样建设社会主义、建设什么样的党和怎样建设党、实现什么样的发展和怎样发展、新时代建设什么样的中国特色社会主义和怎样坚持与发展中国特色社会主义等一系列重大理论和实践问题，实现了指导思想上不断与时俱进的理论创新。这样的创新，不仅成功开辟了中国特色社会主义道路，“使中国大踏步赶上时代”③，而且强有力“推动我国经济实力、科技实力、国防实力、综合国力进入世界

① 广言：《千万人同心，其利必断金》，《广州日报》2022年4月11日。
②③ 习近平：《习近平谈治国理政》（第三卷），外文出版社2020年版，第12页。

前列，推动我国国际地位实现前所未有的提升，党的面貌、国家的面貌、人民的面貌、军队的面貌、中华民族的面貌发生了前所未有的变化，中华民族正以崭新姿态屹立于世界的东方”[①]。从这一意义上说，中国共产党是善于创新的党，而且通过持续创新，团结带领中国人民实现了中华民族发展史上的伟大进步。

从过程论的观点来看，“中国特色社会主义进入新时代”是当今中国进步和发展迈向新的、更高阶段的重要标志，它表明“今天，我们比历史上任何时期都更接近、更有信心和能力实现中华民族伟大复兴的目标”[②]。然而，任何理想和目标的实现往往都不会、也不可能一帆风顺，因为需要面对许多困难和挑战。正如习近平总书记所说：“行百里者半九十。中华民族伟大复兴，绝不是轻轻松松、敲锣打鼓就能实现的。全党必须准备付出更为艰巨、更为艰苦的努力。”[③]这就意味着，进入新时代，我们不仅要艰苦奋斗、顽强奋斗、不懈奋斗，而且还要勇于创新、善于创新、持续创新。因为唯有创新才可能在接续前行中摆脱路径依赖、破解发展难题、开拓发展新局、走好发展新路。为此，我们必须深刻认识“创新是引领发展的第一动力，是建设现代化经济体系的战略支撑”[④]；必须高度自觉“把创新作为引领发展的第一动力，把人才作为支撑发展的第一资源，把创新摆在国家发展全局的核心位置，不断推进理论创新、制度创新、科技创新、文化创新等各方面创新，让创新贯穿党和国家一切工作，让创新在全社会蔚然成风”[⑤]。

在文化意义上，“创新是一个民族进步的灵魂，是一个国家兴旺发达的不竭动力，也是中华民族最深沉的民族禀赋”[⑥]。回顾历史不难发现，

① 习近平：《习近平谈治国理政》（第三卷），外文出版社2020年版，第8页。

②③ 习近平：《习近平谈治国理政》（第三卷），外文出版社2020年版，第12页。

④ 习近平：《习近平谈治国理政》（第三卷），外文出版社2020年版，第24页。

⑤ 习近平：《习近平谈治国理政》（第二卷），外文出版社2017年版，第198页。

⑥ 习近平：《在欧美同学会成立100周年庆祝大会上的讲话》，《人民日报》2013年10月21日。

中华民族为什么能够在几千年的历史长河中生生不息、薪火相传、顽强发展？很重要的原因就在于中华民族有勤劳勇敢、自强不息、不断进取的创新精神和不懈追求，创造了许许多多享誉世界的非凡传奇。那么，为什么近代以来我国逐渐由领先变为落后？其中一个重要原因恰恰就是封建道统的禁锢导致全社会的保守和僵化，以“天朝物产丰富”的傲慢而拒斥各种推动社会进步的创新，结果错失了多次科技和产业革命带来的巨大发展机遇。习近平总书记特别强调：“当今世界，经济社会发展越来越依赖于理论、制度、科技、文化等领域的创新，国际竞争新优势也越来越体现在创新能力上。谁在创新上先行一步，谁就能拥有引领发展的主动权。”①因此，进入新时代我们要把根植于中华民族自强不息品格中的创新精神传承好、发扬好、光大好，让勇于创新、善于创新的“民族禀赋”在新时代绽放出更加绚丽的风采。就培育城市人文精神而言，毫无疑问应当通过加强创新文化建设来增强全社会的创新意识和创新思维，以“惟创新者进，惟创新者强，惟创新者胜”②的责任与使命，激发创新活力，从而为在新征程上应对发展环境变化、增强发展动力、把握发展主动权提供强大的思想引领和文化支撑。

习近平总书记指出：“理念是行动的先导，一定的发展实践都是由一定的发展理念来引领的。发展理念是否对头，从根本上决定着发展成效乃至成败。”③这正是我们加强文化建设和人文精神培育的目的和意义所在。在培育城市人文精神过程中，广州高度重视围绕落实新发展理念、落实创新驱动发展战略、推动国家创新型城市建设来加强创新文化建设，大力培育和提升经济社会发展尤其是现代科技发展所要求的创新意识、创新思维、创新活力，着力营造全社会蔚然成风的创新氛围。进入新时代，建设创新型城市既是广州贯彻新发展理念、落实创新驱动发展战略的必然要

① 习近平：《习近平谈治国理政》（第二卷），外文出版社2017年版，第203页。

② 习近平：《在欧美同学会成立100周年庆祝大会上的讲话》，《人民日报》2013年10月21日。

③ 习近平：《习近平谈治国理政》（第二卷），外文出版社2017年版，第197页。

求，也是适应现代城市发展趋势、推动城市经济社会发展转型升级的必然选择，更是在粤港澳大湾区建设中发挥核心引擎作用的关键所在。这就决定了广州必须以推动自主创新作为城市发展的生命线，要通过培育创新文化、推动创新型城市建设来增强实现老城市新活力的潜力、动能与优势。在具体实践中，加强创新文化建设就是要在全社会大力培育尊重创新、追求创新、成就创新、享受创新的文化氛围，让创新的价值理念在全社会得到普遍认同，让参与创新成为广泛的文化自觉。为此，广州将创新文化建设作为社会主义先进文化建设的重要内容纳入精神文明建设过程，充分发动自然科学工作者与社会科学工作者从交叉学科的视角对创新文化开展多层面、多角度的理论与实证研究，深入研究、拓展创新文化的内涵，同时通过大力宣传创新文化、普及创新文化，提高广大群众的创新意识与创新素质，力求把全体人民推动创新发展的积极性、主动性和创造性不断调动起来、激发出来。

（四）共筑幸福美好的温馨家园

马克思主义的基本观点认为："人民是历史的创造者，群众是真正的英雄。"[①]以马克思主义为指导的共产党人始终坚持全心全意为人民服务的宗旨，始终坚持把实现好、维护好、发展好最广大人民的根本利益作为党和国家一切工作的出发点和落脚点，始终坚持尊重人民主体地位、发挥人民首创精神、保障人民各项权益、促进人的全面发展。这是共产党人基于理论自觉和实践自觉所坚守的文化自觉。进入新时代，习近平总书记提出："人民对美好生活的向往，就是我们的奋斗目标。"[②]这是从我国发展新的历史方位上，习近平总书记代表全党对人民作出的庄严承诺。新时代我国社会的主要矛盾已经转化为人民日益增长的美好生活需要和不平衡

① 习近平：《习近平谈治国理政》（第一卷），外文出版社2018年第2版，第5页。

② 习近平：《习近平谈治国理政》（第一卷），外文出版社2018年第2版，第4页。

不充分的发展之间的矛盾，因而必须以人民对美好生活的向往作为奋斗目标，坚持以人民为中心的发展思想，做到发展为了人民、发展依靠人民、发展成果由人民共享，切实解决好人民群众最关心、最直接、最现实的利益问题。这是新时代坚持和发展中国特色社会主义必须明确的根本立场，也是新时代加强中国特色社会主义文化建设必须贯彻落实的人民主体论思想。

依据这样的理论逻辑，在推动城市文化建设和发展的具体实践当中，就需要培育和树立“城市是人民的城市，城市发展为人民”的理念，把人民群众的主体地位维护好、巩固好，让市民作为城市的主人能够享有更多、更直接、更实在的获得感、幸福感、安全感，以增强对共同向往美好生活的信心和希望。一方面，必须站稳人民立场，切实践行人民至上的价值理念。要把尊重社会发展规律与尊重人民主体地位统一起来，始终把人民放在心中最高位置，从发展为了人民的根本目的出发，既要满足人民群众过上美好生活所必需的物质基础，更要为人民群众过上美好生活提供所需的丰富精神食粮，让广大市民共享时代进步和城市发展给自己带来的生活品质的提升。另一方面，必须构建守望相助的温暖家园，增强社会和谐的伦理关怀。要从解决人民群众最关心最直接最现实的利益问题出发，在大力提升发展质量和效益的基础上，着力解决好发展不平衡不充分问题，更好满足人民群众在经济、政治、文化、社会、生态等方面日益增长的需要。尤其要抓住最需要关心的人群，发挥政府、企业与社会的协同作用，解决好他们的急难愁盼问题，让广大市民能共享幸福、喜乐与美好，从而对自己生活的城市产生由衷的认同感、归属感、富足感、安乐感和自豪感。可见，现代城市人文精神的培育要强化对市民主体地位的尊重，并通过对生活境遇的不断改善和品质提升，来增进人际间的交流、合作、友谊、关爱、互助，让城市生活洒满爱的阳光、充满家的温暖。

广州作为岭南文化的中心地，在城市的人文精神上无疑传承着以岭南文化为根的历史文脉，具有许多南方都市没有的独特气质、地方习俗与浓郁风格。广州作为“千年商都”名扬海内外，自古以来盛行商业贸易，商贾云集带来各种不同文化的相互交流和碰撞，尤其是农耕文化与商业文化在这里汇聚、陆地文化与海洋文化在这里交融，崇尚择善而从的广州人把许多有益于自身发展的文化进行“为我所用”的借鉴和吸收，使广州的城市人文精神又表现出很明显的开放性、多样性和兼容性。所以，广州这座城市有岭南人文精神的厚重也有各种外来文化融入所形成的多元。就像这里的方言以粤语为主，除此之外还有客家话、潮汕话，对湖南话、四川话也不排斥，甚至把英文“store”（商店）、“bus”（公交）等单词也吸收到粤语中，有“士多”和“巴士”等称谓。这就是广州不拘于一格、不形于一态、不定于一尊的生活方式和文化特色。这样的生活方式和文化特色，让广州成为一座具有很强亲和力的“平民化”城市。比如，这里崇尚热情待客，给人宾至如归的温暖；这里恪守公平交易，给人童叟无欺的信用；这里重视街坊生意，给人享受服务的便利；这里主张一起发达，给人互利互惠的快乐；这里奉行有难同当，给人战胜困难的力量；等等。可以说，每一位来到广州的人都可以找到适合自己的生活方式和能让自己认可的文化归属，这一直是广州这座历史文化名城最具凝聚力的优势所在。

进入新时代，广州这座务实包容的城市更加注重对精神家园的共建与维护，始终坚持以人民为中心的发展思想，用心用情用功办好民生实事，推动民生福祉稳步提升，建设更高水平的“幸福广州”。

首先，加强社会治理体系和能力建设。通过不断完善党委领导、政府负责、民主协商、社会协同、公众参与、法治保障、科技支撑的社会治理体系，以加强和创新社区治理为突破口，建设“人人有责、人人尽责、人人享有”的社会治理共同体，推动形成共建共治共享的治理新格局，确保社会安定有序、人民安居乐业。

其次，大力推动新时代文明好家风建设。结合学习和贯彻党的十八大以来习近平总书记关于注重家庭、注重家教、注重家风建设一系列重要论述精神，广州高度重视新时代文明家庭和家风建设的理论研究和社会宣传，做深做实“忠诚立家风、家和万事兴、立德树新人、书香飘万家、绿色进我家”五项行动，着力以千千万万的好家风支撑起全社会的好风气。2021年，由中共广州市委宣传部（广州市文明办）、广州市纪委监委、广州市社会科学界联合会共同主办，广州市孝道文化研究会承办，推出“清风传万家”百场红色家风宣讲活动，由理论专家、革命后代、文明家庭、“广州好人”组成宣讲团队，分别走进党政机关、企事业单位、社区、学校、科普基地，先后在全市11个区57个场所举办宣讲活动，融讲家风、读家书、诵家训为一体，在全社会广泛掀起学习弘扬红色家风的热潮，有力促进社会各界参与家庭文明建设。

再次，大力推动志愿服务向体系化、制度化、社会化、专业化发展。在共建美好家园的实践中，广州志愿服务已成为市民参与面最广、参与度最高、影响力最大的公益事业。截至2020年12月，全市注册志愿者人数达380万，约占广州常住人口总数的25.3%；注册志愿服务组织及团体1.5万个，累计志愿服务时长达1.2亿小时[①]；拥有“友爱在车厢”“志交会”等一批全国志愿服务品牌项目，涌现出钟南山、赵广军、李森等一批全国志愿服务先进典型。

此外，大力推动发展彰显大爱的慈善事业。2021年的慈善榜数据显示，广州2021年度捐赠总额达到18.23亿元，连续五年呈正增长，其中个人捐赠总额为4.25亿元，收录捐赠人近7000人。[②]值得关注的是，该慈善榜以一万元捐赠为收录门槛，并未收录小额捐赠群体。此外，广州还有上千个募捐箱分布在全市社区居委会（村委会）、地铁、学校、医院、商场、机场、火车站等场所，数十家慈善组织还利用互联网开展打破时空限制的网络捐款。因此，广州堪称一座“慈善之城”，让人们感受到这里是爱的家园、有人间的温暖。

---

① 代国辉：《广州注册志愿者人数380万　组建社会组织志愿服务总队》，《南方都市报》2021年3月3日。

② 苏赞、杨欣：《重情重义广州人　善涌广府开先河》，《广州日报》2022年4月20日。

三、营造新时代城市文明新风

相对于物质文明建设而言，精神文明建设是一个缓慢、持久、渐进的过程。因为无论文化的发展、理念的更新、精神的培育、风气的改变，都要通过主体从思想认同走向实践自觉来完成，这其中要受到主体受教育程度、素质提升、人格升华等诸多因素的制约。特别是文明风尚的养成，涉及思维方式、行为方式和生活方式的转变，甚至是一场移风易俗的深刻革命。为此，推动城市精神文明建设需要有持之以恒、久久为功的定力和耐力，坚持治标与治本并行，以“水滴石穿”的韧劲，“铁杵磨成针”的功夫，不断营造出与社会发展共同进步的新时代文明风尚。

（一）传承红色基因

中国共产党的百年历史既是党带领人民艰苦创业、不懈奋斗取得辉煌业绩的历史，也是展示中国共产党人优秀品质、铸就伟大精神的历史，在人类文明发展史上具有十分重要的意义。一百年来，中国共产党人用战无不胜的精神力量，带领人民攻克一个又一个“看似不可攻破的难关”，创造一个又一个“彪炳史册的人间奇迹”，书写了中华民族几千年历史上最恢宏的史诗。在百年奋斗历程中，中国共产党人为什么能够带领人民从小到大、从弱到强，战胜各种艰难险阻，取得革命胜利，并实现从站起来到富起来再到强起来的伟大飞跃？非常重要的一条，就是中国共产党人有高度的文化自信和文化自觉，构筑了以坚定共产主义理想信念为核心的红色文化家园，创造性地培育了红船精神、井冈山精神、长征精神、延安精神、西柏坡精神、抗美援朝精神等一系列具有强大号召力、引领力、榜样力的精神谱系。今天，我们要开启全面建设社会主义现代化国家新征程、为实现第二个“百年目标”而接续奋斗，就需要把共产党的红色基因和革命文化传承好、弘扬好，让“百年伟大精神”绽放出更加绚丽的新时代风采，成为构建社会文明风尚的强大精神支柱，要从“革命理想高于天”的崇高追求中坚定奋进新时代、实现伟大梦想的意志和决心。

红色文化作为中国共产党人的精神血脉，是中国共产党领导人民在革命斗争过程中，将马克思主义植根于中华文化的沃土所培育和传播的革命文化。红色文化用马克思主义的基本理论分析社会历史进步的规律，形成坚定的共产主义理想信念，认为共产主义代表人类文明的方向和社会发展的未来，是一切受剥削受压迫的劳苦大众翻身解放的希望，也是近代以来饱受困难的中国人民获得救赎的出路。中国共产党人一路走来，无论顺境还是逆境，都没有动摇过自己的精神信仰，从而铸就了思想文化优势和不断涌现的伟大精神，成为区别于其他政党的鲜明特色。如果说，成功改变中华民族和中国人民历史命运的百年辉煌，已经雄辩地说明中国共产党确实“能”，那么这其中最大的“能”就是成功锻造了红色文化、铸就了自身强大的精神谱系。正如邓小平同志所说：“为什么我们过去能在非常困难的情况下奋斗出来，战胜千难万险使革命胜利呢？就是因为我们有理想，有马克思主义信念，有共产主义信念。”①

历史是一面镜子，也是最好的教科书。作为一面镜子，它告诉我们在纷繁芜杂的各种历史事态或事变中，哪些是真相，哪些人是真正的英雄，哪些决策是正确的；作为教科书，它告诉我们社会历史进步从来都是有规律的，也是按照规律前进的，必须善于从中找到规律，找准历史发展的正确方向。我们要树立正确的历史观，善于从百年奋进的历史进步中获得规律的认知，并形成文化的自觉。可以说，中国共产党的百年奋斗史是一部由革命先烈用鲜血和生命写就的革命史，生动记录了一代又一代共产党人前赴后继、英勇顽强、舍生忘死的伟大壮举。从历史的教科书中，我们要真正读懂为什么红色政权来之不易，新中国来之不易，中国特色社会主义来之不易，今天的幸福生活来之不易；要深刻认知其根本缘由就在于无数中国共产党人和革命先烈用鲜血染红的旗帜始终没有褪色、始终引领着中

① 邓小平：《邓小平文选》（第三卷），人民出版社1993年版，第110页。

国社会前进的方向。正如习近平总书记所指出："在百年接续奋斗中，党团结带领人民开辟了伟大道路，建立了伟大功业，铸就了伟大精神，积累了宝贵经验，创造了中华民族发展史、人类社会进步史上令人刮目相看的奇迹。回望过往的奋斗路，眺望前方的奋进路，我们必须把党的历史学习好、总结好，把党的成功经验传承好、发扬好。"①

为此，我们要把红色基因和"百年伟大精神"作为全体人民的精神指引发扬光大，更好构筑中国精神、中国价值和中国力量，在事业发展的新阶段继续保持革命斗志，增强敢于战胜各种困难和挑战的定力，积极应对世界百年未有之大变局，敢于面临复杂挑战，不被逆风和回头浪所阻，以期为进入新发展阶段、贯彻新发展理念、构建新发展格局，努力在危机中育新机、在变局中开新局，续写出更多"春天的故事"，创造让世界刮目相看的新的更大奇迹。落实到推进文明城市建设的创新实践过程中，广州围绕传承红色基因广泛开展"学党史、悟初心——英雄城市红色传承"党史学习教育活动，在全社会开展党史、新中国史、改革开放史、社会主义发展史宣传教育。广泛组织青年学生开展"四史"知识竞赛和红色经典美文诵读比赛。一方面，加快推进红色文化传承弘扬示范区建设，完成中共三大会址纪念馆改扩建项目、东园文化广场项目建设，举办中共三大会址纪念馆改扩建竣工开馆仪式；另一方面，充分发挥中共三大会址纪念馆、广州农民运动讲习所旧址（以下简称"农讲所"）、广州起义纪念馆等各类革命展馆的党史教育功能，办好中国共产党第三次全国代表大会历史陈列展览、党旗国旗军旗展览。同时，在全市广泛组织开展"我为群众办实事"主题实践活动，教育引导广大党员体悟初心使命、坚定理想信念，把红色文化的基因植入社会生活当中，让熠熠生辉的党徽和党旗成为迈进新时代凝聚强大力量的精神标志，成为营造新时代社会文明新风的精神引领。

---

① 习近平：《在党史学习教育动员大会上的讲话》（2021年2月20日），人民出版社2021年版，第5页。

（二）整合价值理性

进入新时代，营造城市文明新风尚、推动文明城市建设迈上新台阶，必须在培育和践行社会主义核心价值观上下功夫。因为核心价值观是人们在意义建构领域对待人和世界是否具有价值或具有什么样的价值所持的基本态度，能决定人生的态度和行为的选择。对于一个国家、一个政党、一个团体而言，确立什么样的核心价值观直接关系到它的精神追求和发展方向，也深刻影响着一个国家、一个地区、一个城市的社会风气和文明形象。因此，每个国家和每个社会都非常注重培育和确立自己的核心价值观，以成为达成社会共识、维系社会公共价值理性的最大公约数。对推动人类文明进步的社会实践而言，正确价值观的培育，特别是起主导作用的核心价值观培育，是一个不可或缺的重要基石。或者说，人类文明的发展是基于价值观指引，不断走向具有理想意义的价值追求，实现共同梦想和美好未来的过程。从这一意义上说，如果没有自己奉行的核心价值观，没有自己对世界存在给出合理的意义建构，那么一个国家或一个社会的文明就是难以评判的，更不可能成为人类文明的重要典范。正如习近平总书记所指出："核心价值观是一个民族赖以维系的精神纽带，是一个国家共同的思想道德基础。如果没有共同的核心价值观，一个民族、一个国家就会魂无定所、行无依归。"①

中国共产党在带领中国人民开创中国特色社会主义的伟大实践中，高度重视以马克思主义为指导，加强正确价值观建设，通过可通约的公共价值判断来巩固全体人民为之奋斗的共同理想，以形成全社会积极向上的精神合力。进入新时代，我们党用"三个倡导"从国家、社会、个人三个层面精辟论述了社会主义核心价值观，即在国家层面，倡导富强、民主、文明、和谐；在社会层面，倡导自由、平等、公正、法治；在个人层面，倡

① 中共中央文献研究室：《习近平关于社会主义文化建设论述摘编》，中央文献出版社2017年版，第124页。

导爱国、敬业、诚信、友善。这十二个关键词所概括的社会主义核心价值观，既继承了中华民族传统文化精华，又汲取了人类文明优秀成果；既体现了中国特色社会主义事业的发展要求，又反映了中国社会主义制度的本质规定；既昭示了中国共产党长期奋斗的一贯主张，又确立了中华民族道德规范的行动指南。凝练并确立这样的社会主义核心价值观，揭示着中华民族精神当中最深层的思想内核，直接反映社会价值的本质和特性，全面涵盖了人民群众普遍认同的价值观念。党的十八大以来，全党全国全社会都在广泛学习和宣传、培育和践行社会主义核心价值观，这是引领当代中国社会文明进步的精神旗帜，已经越来越得到当代中国人民和中华民族的广泛认同，成为中国构建人类文明新形态最有力的文化支撑。

其实，奋进新时代，我们要做好各项工作都离不开强大的价值引导力、文化凝聚力、精神推动力的支撑，核心价值观的培育和践行就是这一支撑的主心骨。党的十九大报告明确指出："社会主义核心价值观是当代中国精神的集中体现，凝结着全体人民共同的价值追求。要以培养担当民族复兴大任的时代新人为着眼点，强化教育引导、实践养成、制度保障，发挥社会主义核心价值观对国民教育、精神文明创建、精神文化产品创作生产传播的引领作用，把社会主义核心价值观融入社会发展各方面，转化为人们的情感认同和行为习惯。"①这就要求我们要在全社会大力培育、弘扬和践行社会主义核心价值观，努力"使之像空气一样无处不在、无时不有，成为全体人民的共同价值追求，成为我们生而为中国人的独特精神支柱，成为百姓日用而不觉的行为准则"②。所以，进入新时代，加强社会主义文化建设的重要任务是要进一步号召全社会行动起来，通过深入开展理论引导、舆论宣传、文化熏陶、心性修炼、人格塑造、制度保障等深入细致的教育实践活动，使社会主义核心价值观内化为人们的精神追求、外化为人们的自觉行动。

---

① 习近平：《习近平谈治国理政》（第三卷），外文出版社2020年版，第33页。

② 中共中央文献研究室：《习近平关于社会主义文化建设论述摘编》，中央文献出版社2017年版，第125页。

尤其要把社会主义核心价值观作为公共理性追求，融入社会主义精神文明建设的全过程，使之成为推进社会公德建设、职业道德建设、家庭美德建设、个人品德建设的基本导向，并使其升华为全体人民共同的精神信仰，激励人们向上向善、孝老爱亲，忠于祖国、忠于人民，从而营造出具有强大凝聚力和引领力的社会文明风尚。为此，广州围绕贯彻落实《新时代公民道德建设实施纲要》《新时代爱国主义教育实施纲要》，在培育和践行社会主义核心价值观的实践中，着力推动社会主义核心价值观融入法治建设、社会治理和日常生活，使之贯穿国民教育、精神文明创建、文化产品创作生产的全过程。通过实施《广州市文明行为促进条例》，切实加强文明行为规范教育和全民文明礼仪教育，以制度性规范引导市民遏制陈规陋习，推进移风易俗，共同营造新时代文明新风。同时，以深化文明城市创建为龙头，持续推进文明村镇、文明单位、文明家庭、文明校园创建，广泛开展文明交通、文明旅游、文明餐桌、文明上网、垃圾分类等群众性精神文明创建活动，倡导文明健康绿色环保生活方式，提倡艰苦奋斗、勤俭节约，开展以“劳动创造幸福”为主题的宣传教育，不断提升市民的文明素质和整个城市的文明程度。

（三）点亮榜样之光

文明是人类改造世界（包括自然、社会和自身）不断取得进步的成果，既包括物质成果也包括精神成果。在社会生活中，文明是相对于野蛮而言的，它是人类与动物相区别的重要标志，既表现为人类生存方式的变革和社会生活环境的改善，也表现为人类认知能力的增强和精神境界的提升。马克思主义文明观认为，随着社会生产力的不断发展，人类文明不断由低级向高级发展，呈现出一种上升发展的必然趋势。从取代原始公有制状态的奴隶制文明，再到封建制文明、资本主义文明，进而走进社会主义文明，这是人类文明演进过程中已经出现过的几种有代表性的文明形态。尽管社会主义还在不断地探索、实践和完善的过程中，但是它作为人类文明新形态已经越来越展现出新活力、新优势和新风尚。从人类文明进步的客观规律而言，人类总是不断走在追求文明进步的发展大道上，既是从不断摆脱蒙昧、野蛮而走进开化、智慧与理性的过程，也是从不断消弭相互对立、掠夺、冲突走向实现和平、公正与友善的过程。因此，人类文明进步作为过程性概念，总是呈现出不断发展的状态，包含着向往“大同社会”的远大理想，体现着追求“天下为公”与“讲信修睦”的精神境界，诠释着实现“我为人人”与“人人为我”的道德实践。

在具体的社会生活过程中，社会文明是通过社会成员所具有的文明理念、文明素质和文明行为来体现的。由于社会的发展受到各种因素的制约而存在或快或慢的差别，加之社会生活主体的复杂性和多样性，不同主体之间存在受教育程度不同、社会阅历不同、文明素养不同等诸多差异，对生活意义会有各种不同的理解，进而影响其参与社会文明风气建设实践的积极性、主动性和创造性，甚至还可能顽固保守那些与社会文明发展要求不一致、不协调或不相容的恶俗陋习。所以，社会文明进步并非只是一种遵循客观必然性的自然历史过程，在其现实性上还是需要社会主体共同参与的自觉实践过程。而作为主体自觉实践的过程，就必须通过文明生活的意义建构、价值认同和共同向往来推动。其中，既包括广泛开展知识普及、观念宣传、舆论引导、道德渗透等系列提升文明素养的教育引领活动，也包括制度实施、行为体验、志愿行动、典型示范、榜样带动等系列形成文明氛围的社会实践活动。这就意味着，社会文明实践是一个教育实践和创建实践相互统一的过程，要通过主体对社会文明规范的认知、理解和内化来形成思想共识并转化为共同遵守的实践自觉，才能展示出具有普遍意义的社会文明风貌。

从主体论的角度看，社会文明是每个社会主体在社会生活中共同创造和推动的文明，也是共同拥有和共同享受的文明，因而它需要文明素质的整体提升和社会文明风尚的共同营造。按照马斯洛的需要层次论，人们参与社会生活的目的和动机是从低级需要不断提升到高级需要的，这种低级需要到高级需要的不断追求，不仅渗透着人们对生活意义越来越高的感悟和理解，还体现着个体文明素养的提升和文明行为的践行。从人的发展而言，要实现这种上升性的需求转换，人们必须在价值观念、生活态度、行为习惯和精神境界等文明素养上实现自我提升，否则物欲横流下的自私自利之争会让人永远无法摆脱相互残害的命运。所以，社会的进步过程其实是人类自身素质提升的过程，也是社会文明风尚不断建构的过程。然而，在这一过程中文明实践要开创新局面、达到新高度的路径选择又在哪里呢？在社会生活实践的现实层面，最重要的就是要有榜样的示范和引领，让人们看到文明实践的光亮和照进现实的美好。众所周知，在现实生活中，人毫无疑问要考虑自己的生存需要并创造各种生活条件来保障自己活下去，满足了生存需要之后会进一步考虑自己所需要的成长与快乐，以及如何实现自己的人生价值。那么，我们应当如何让自己的生活更有意义呢？许多人其实并不清楚人生的意义该如何建构，因而陷入各种迷茫。在这样的背景下，走在前列、积极推动社会文明进步的榜样和模范就会成为必不可少的示范和引领。所以，要通过点亮榜样之光来照亮社会文明发展的进程，推动社会文明风尚和氛围的形成。

进入新时代，广州在文明城市创建过程中高度重视发挥榜样力量对城市文明风气整体提升的带动作用，大力宣传全国道德模范、“共和国勋章”获得者钟南山等一批先进典型。钟南山集医生、院士、知识分子、技术官员、敢言者、全国人大代表、非典功臣等诸多身份于一体，是广州先进典型的突出代表。他救死扶伤、精益求精、悬壶济世的医者品格在广州有口皆碑；他尊重科学、坚持真理、敢医敢言的精神风范让世界敬佩；他使命在心、勇于担当、鞠躬尽瘁的行为举止像星光点亮夜空。钟南山是广州这座城市文明形象的代表，是广州这座城市人文精神的化身，是每个广州人最崇敬、最引以为豪的模范。钟南山所代表的文明形象及其影响力是广州这座城市十分重要的精神标识。因此，宣传钟南山、学习钟南山成为推动广州城市文明发展的重要抓手，钟南山已成为每个广州人心中都崇拜的英雄，“钟南山精神”也正在成为激励广州人推动文明实践不断阔步前行的强大动力。

（四）抵制低俗丑恶

文明是相对于野蛮而言的，也是相对于丑恶而言的。在社会文明进步的过程中，历来充斥着真善美与假恶丑的激烈较量，正所谓“人间正道是沧桑”。在本质意义上，文明就是人类对真善美的不懈追求及不断达到的更加理想的状态。这一过程是树立正气、激发正能量和扬善抑恶的过程，要通过个人和社会对假恶丑的不断抵制、荡涤、消解来实现。如果假恶丑不能被抵制，那么真善美就很难得到弘扬；如果任凭劣币驱逐良币，那么整个社会就会陷入恶人当道的“逆淘汰”；如果社会最起码的公平、正气都无从谈起，那么文明进步就是一句空话。

在历史辩证法看来，社会发展总是在矛盾运动中前进的，有矛盾就会有斗争。人类社会的文明进步与愚昧落后是一对客观存在的矛盾，只有自觉抵制和主动破除阻碍社会进步的各种陈规陋习、腐朽没落、丑恶污浊，才能推动社会发展向着文明进步的目标前行。所以，在推进社会文明风尚建设过程中，我们要“善于从中华民族传统美德中汲取道德滋养，从英雄人物和时代楷模的身上感受道德风范，从自身内省中提升道德修为，明大德、守公德、严私德，自觉抵制拜金主义、享乐主义、极端个人主义、历史虚无主义等错误思想，追求更有高度、更有境界、更有品位的人生，让清风正气、蓬勃朝气遍布全社会”[①]。

就每个人的成长而言，自我道德境界的提升、文明习惯和文明作风的养成，是不断进行心灵陶冶和人格修正的结果。这一过程表现为一种向上和向善力量的不断积聚，并对消极、懈怠、堕落等负向欲望形成自觉抵制与主动纠偏，否则人生的成长就有可能走向歪道，甚至还可能陷入难以自拔的邪道。对此，习近平总书记指出：“一个人不可能十全十美，总是在克服缺点、纠正错误的过程中进步的，正所谓‘玉不琢，不成器；人不

① 习近平：《习近平谈治国理政》（第三卷），外文出版社2020年版，第337页。

学，不知义’。”[①]所以，每个人都不应该放纵和消弭自我，要善于在顺境中成长，更要善于在逆境中奋起，用顽强的意志品质来把握好人生发展的主动权。只有坚持昂扬斗志、矢志笃行才能克服惰性、战胜困难、应对挑战、绽放自我，让自己不负韶华、不辱使命。

其实，人生就是一个非常复杂的社会情感复合体，在与时代同行的发展过程中时常要面对成败、得失、爱恨、苦乐、荣辱等各种矛盾的困扰与纠缠。如何在这些矛盾和对立中作出正确抉择，对每个人来说都是严峻的考验。因此，必须通过对人生意义的审视和坚守，来给出追求文明进步和人格高尚应当坚持的立场、观点和判断，才能让自己的人生具有尊严，受人尊重从而趋于完美。马克思在《青年在选择职业时的考虑》中说：我们的人生是一场精神原则和肉体原则之间的不幸的斗争，“一个不能克服自身相互斗争的因素的人，又怎能抗御生活的猛烈冲击，怎能安静地从事活动呢”[②]？在马克思看来，“历史把那些为共同目标工作因而自己变得高尚的人称为最伟大的人物；经验赞美那些为大多数人带来幸福的人是最幸福的人”[③]，选择“最能为人类而工作的职业”，甚至“为人类而牺牲自己”就成为人格高尚所在。而说这样的选择已不再是一种“可怜的、有限的、自私的乐趣”，是因为它包含着对人性之恶的鞭挞与超越。

罗曼·罗兰曾经说过一段经典的话：“真正的光明绝不是永没有黑暗的时间，只是永不被黑暗所掩蔽罢了。真正的英雄绝不是永没有卑下的情操，只是永不被卑下的情操所屈服罢了。”[④]这段话语已经把人生追求要面对“光明”与“黑暗”、“豪迈”与“卑下”、“顺境”与“逆境”的矛盾和考验阐述得十分透彻，那些被称为“英雄”的成功人士所获得的成功

① 习近平：《习近平谈治国理政》（第一卷），外文出版社2018年第2版，第183页。

② 中共中央马克思恩格斯列宁斯大林著作编译局编译：《马克思恩格斯全集》第1卷，人民出版社1995年第2版，第457页。

③ 中共中央马克思恩格斯列宁斯大林著作编译局编译：《马克思恩格斯全集》第1卷，人民出版社1995年第2版，第459页。

④ 人民日报海外版“学习小组”：《学习经典》，人民出版社2019年版，第145页。

只是“永不被黑暗所掩蔽”或“永不被卑下的情操所屈服”、能“不断的自拔与更新”而已。所以，有成就的卓越人生一定是不断进行自我革命、自我修炼、自我完善的人生，在这一过程中不仅要有向上向善的品格和素质提升，还要有敢于面对困难和挫折的心境与胸怀。

广州市花都区花东镇七星小学的“全国道德模范”赖宣治老师，就是这样一位具有“英雄”品格、牢记使命担当、勇于战胜困难的典型代表。满怀人生梦想、憧憬美好未来的赖宣治，大学毕业就选择到七星小学担任专职体育教师。当时，这所广州郊区的农村小学除了一栋像样的教学楼之外，根本没有体育场馆供他开展体育教学和专项体育训练，理想与现实的巨大反差让他感到很意外。回想当年的情形，他感慨地说：“那时候，我有过困惑，也有过失落，好在我没有想过放弃。”正是凭着这份“没有想过放弃”的坚定与执着，他在条件极其简陋的乡村小学，克服了常人难以想象的重重困难，先后培养出36名世界跳绳冠军，创造出让世界刮目相看的“中国奇迹”。他用自己对教师这个职业的忠诚，以迎难而上、敢闯敢拼的顽强斗志，改变了农村留守儿童对体育的兴趣和对读书的态度，点亮了他们向往美好未来、渴望梦想成真的希望。在人生旅途中，顺境和欢愉可能并不能教会我们什么，但是战胜困难和迎接挑战一定会让我们变得更加强大。赖宣治老师的敬业奉献集中体现了广州人勇于开拓的精神特质，彰显着奋斗者永不气馁、永不退缩的高尚人格和情操。新时代是接续奋斗的时代而不是可以“躺平”的时代，这样的精神风貌就是最为可贵的向上的力量。

广州树立新时代文明新风还与深入推进反腐败斗争融为一体，注重在党员领导干部当中开展廉洁文化建设，自觉抵制商品交换原则对党内生活的侵蚀，着力营造风清气正的良好政治生态。一方面，把党的政治建设摆在首位，严格遵守党的政治纪律和政治规矩，推动全面从严治党向纵深发展。严肃党内政治生活，坚持无禁区、全覆盖、零容忍，坚持重遏制、强高压、长震慑，让党员干部知敬畏、存戒惧、守底线，持之以恒正风肃纪，充分发挥党建的正向激励作用。另一方面，广泛开展廉洁文化建设，筑牢抵制腐败的思想防线。结合开展党的群众路线教育实践活动、“三严三实”专题教育、“两学一做”学习教育、“不忘初心、牢记使命”主题教育、党史学习教育，着力解决党内存在的思想不纯、组织不纯、作风不纯等突出问题，坚决防止和反对个人主义、分散主义、自由主义、本位主义、好人主义，坚决防止和反对宗派主义、圈子文化、码头文化，坚决反对搞两面派、做两面人，着力以推动党风政风上扬来带动社风民风不断向上、向好、向善。

广州树立新时代文明新风也与培育正能量的社会实践融为一体，注重营造以大爱为本的社会氛围。体现在抗击新冠肺炎疫情的斗争中，全市广大党员领导干部纷纷下沉社区，党员志愿者冲在疫情防控的最前列，把危难险重扛在自己的肩上，在党员先锋岗发挥出身先士卒的带动和引领作用，让群众深切感受到党在身边、党组织在身边所具有的强大力量，也深切感受到疫情下广州这座城市处处充满手牵手、心连心的温暖。在这场来势汹汹、反反复复、极其严峻的疫情防控斗争中，广州市民表现出一呼百应、积极配合、主动参与的精神状态，形成风雨同舟、众志成城、共同守护家园的高度自觉。这就是新时代最鲜活、最靓丽的广州人风采，最能体现广州这座城市应对困难挑战的积极心态，其中渗透着对“广州是我家、幸福你我他”的普遍认同及为之奋斗的公共责任。

第二章

提升城市文化形象

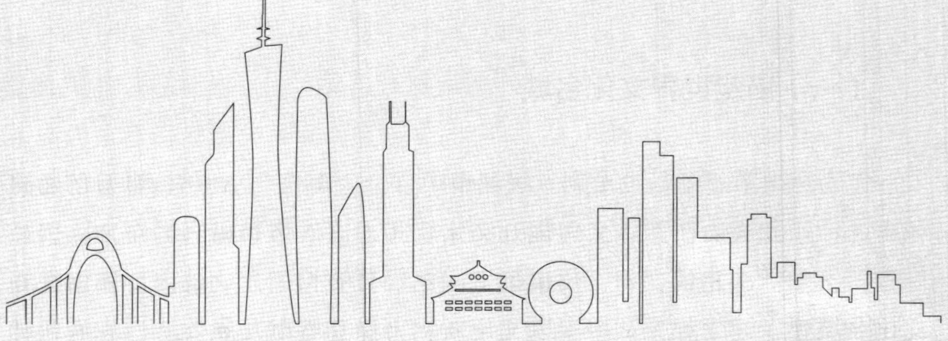

党的十八大以来，中国的城市化建设进入新的发展阶段，考察城市发展水平不再唯地区生产总值论，城市发展模式由单一追逐经济指标转向了对形成城市独特魅力和吸引力等文化软实力维度的竞争。广州在建设国家中心城市的创新实践中，始终坚持将文化建设融入经济社会发展的全过程，并坚持以世界文化名城作为广州文化强市建设的目标定位。通过以战略思维谋划城市发展，探索以文化发展优先战略推进文化强市建设，协同推进广州城市文化的高质量发展，逐渐形成以岭南文化、红色文化、海丝文化、创新文化为特色品牌的城市文化发展优势，城市文化形象越来越清晰、影响力越来越大。

一、明确城市发展的文化定位

作为岭南文化中心地、古代海上丝绸之路发祥地、近现代革命策源地、当代改革开放前沿地的广州，在1982年被认定为中国第一批国家历史文化名城。广州是开埠千年的世界著名港口和商贸中心，东西方文化在这里交汇融合，素有务实、包容、开放、进取的城市文化品格。悠久的历史文化和丰富的文化古迹，辉煌的港口历史和著名的贸易口岸，光荣的革命传统和改革开放的创新精神，赋予了广州丰富内涵和独特韵味。

（一）锚定世界文化名城

作为全国第三个，也是副省级城市中首个全市生产总值突破1万亿元的城市，广州硬实力在握，全力提升文化软实力的战略布局应运而生。按照广东省第十一次党代会和广州市第十次党代会的相关会议精神，锚定世界文化名城建设，先行先试探索以文化软实力提升城市发展效能，成为新时代广州城市文化发展的根本遵循。

2012年，广州市聚焦全面推进新型城市化发展工作，出台了《中共广州市委、广州市人民政府关于全面推进新型城市化发展的决定》（以下简称《决定》）以及包括《中共广州市委、广州市人民政府关于培育世界文化名城的实施意见》（以下简称《实施意见》）在内的15个配套政策，明确了一系列战略布局和具体举措，对广州发展产生了深远影响。

按照《决定》，广州的新型城市化建设到2015年要实现包括“岭南文化特色更加彰显，城市文化软实力明显增强，市民文明素养进一步提升，世界文化名城建设取得重大进展”在内的六大目标，培育世界文化名城被置于广州新型城市化发展的重要位置。《决定》更将突出城市文化特色、增强文化发展活力、提升文化国际影响力作为广州建设世界文化名城的三大重要路径。《实施意见》作为“1+15”系列政策文件之一，聚焦广州培育世界文化名城的重大战略，提出“坚持保护传承与创新发展相结合、立足本土与对接国际相结合、政府引导与社会参与相结合、重点突破与整体推进相结合的原则，践行‘城市•文化•生活’的实践模式，以人为主体，以城市为舞台，以文化为引领，以生活为依归，以彰显‘千年商都’，建设‘文化创意之都’‘国际重大活动举办地’和‘世界旅游目的地’为主攻方向”，推进广州新型城市化发展，并通过实施市民素质提升工程、城市文化名片工程、文化遗产传承工程和文化产业促进工程“四大工程”，打造文化活动国际文化节庆交流、文化名家活动、城市文化传播交流“三大平台”，实现城市文化形象、城市规划建设的文化品位及公共文化服务水平的“三大提升”，全面提升城市文化品位，改善市民生活品质，推动城市科学发展，建设幸福之城。

进入新时代的广州，提出通过城市文化软实力提升，培育世界文化名城的战略目标，充分表明广州在城市发展中已经树立起对标世界级大都市的城市发展定位，相较于广州之前提出打造“带动全省、辐射华南、影响东南亚的现代化大都市”的目标，世界文化名城的城市定位显然更具国际视野，内涵也更加丰富。

（二）做强岭南文化中心

岭南文化是广州城市文化最鲜明的地域属性和本土特质。它既是广州这座城市千年历史的积淀，又是广州这座千年古城历久弥新的根本源动力，还是广州成为世界名城最独特的文化标识。广州作为中国开埠千年未关的通商口岸，是最早连接中国文明与世界文明的枢纽，其敢为天下先的城市“打拼”精神，从古代中国的海上丝绸之路到中华人民共和国的改革开放之路一脉相承，贯穿着岭南文化特有的灵与魂。这是广州最应该坚守、也最值得坚守的文化品格。

进入新时代，广州这座具有2200多年历史的城市要焕发出新的活力，就必须在延续城市历史文脉上彰显出自己的文化底蕴、特色和优势。因为展现出新的风采，创造出新的奇迹，提升到新的境界，对周边城市、对整个岭南地区乃至整个中国发挥新的、更大的、更广泛的、更持久的影响力和辐射力，都是需要培根铸魂的。从历史走来，广州这座城市在文化上的根和魂就是这里源远流长、底蕴深厚的岭南文化。其实，无论是增强城市文化影响力，还是培育世界文化名城，都需要以自己城市的文化特色为根基，正所谓“越是民族的，越是世界的”。如果一个城市没有文化的根基或者背离自己的文化根基，那么它就很难有自己的特色、品格和魅力，其文化影响力就会失去应有的基础。这也是“皮之不存，毛将焉附”的简单道理。基于这样的思考，广州在城市文化形象的培育过程中突出岭南文化中心的城市定位是完全符合实际的。或者说，岭南文化是广州文化特质当中最基本的内核，只有把岭南文化中心的功能和作用充分发挥好，广州培育世界文化名城才可能真正取得成效。

2014年3月，中共中央、国务院公布了《国家新型城镇化规划（2014—2020年）》，强调要坚持“文化传承，彰显特色”的原则，根据不同地区的自然历史文化禀赋，体现区域差异性，提倡形态多样性，防止千城一面，发展有历史记忆、文化脉络、地域风貌、民族特点的美丽城镇，形成符合实际、各具特色的城镇化发展模式。这为广州强化岭南文化中心地位、培育世界文化名城提供了非常重要的思想和行动指引。同年，广东省人民政府批复实施的《广州历史文化名城保护规划（2011—2020年）》（以下简称《规划》）对外正式发布，这是指导广州历史文化名城保护的纲领性文件。该《规划》明确了对广州这座历史文化名城进行保护的基本方向，并把“岭南文化中心城”作为九大名城保护主题之一；还强调要在“历史文化名城、历史文化街区、文物保护单位”的基础上，补充“市域、非物质文化遗产”两个名城保护层次，建立五个层次的完整保护体系。这实际上是强化岭南文化中心功能、延续城市历史文脉、彰显城市文化形象的行动方案，对树立广州岭南文化中心的城市文化形象具有十分重要的意义。

事实上，广州的岭南文化中心地位是在历史自然演变过程中不断形成和巩固的。众所周知，任何一种文化都根植于一定的自然环境中，与自然环境有着密切关系。因为所有的文化都是由人创造的，要以一定的人群作为文化的主体；而一定的人群又是在特定的自然环境中生存和发展的，在不同的自然环境下人们的生产方式和生活方式会有很大差别，因而其所创造的文化也各不相同。岭南文化之所以能作为独特的地域文化，并与吴越文化、湘楚文化等地域文化相区别，就在于它跟五岭（即大庾岭、骑田岭、萌渚岭、都庞岭、越城岭）以南地区的自然环境密切联系在一起，具有浓郁的岭南特色。而在岭南地区开埠最早、经济社会最发达的城市就是广州，这里还是南越国的宫署所在地，所以广州从历史上就是名副其实、也无可争辩的岭南文化中心。就明确城市文化形象的定位而言，广州要突出岭南文化中心的品牌认知并不是说要重新赋予广州这样的文化地位，而是要把这一品牌擦亮，让世界更加了解广州。

从整体来看，广州在强化作为岭南文化中心的城市文化形象定位，就是要把自己长期沉淀的文化内涵、不断传承的历史文脉和最有底气的文化张力凸显出来。这其中，最重要的是要把广州作为“广府文化发源地”的标识充分挖掘出来、展示出来，把最有代表性、以粤语方言为载体的优秀文化传承发扬好、光大好，让它成为参与国际文化交流的重要方式和传播途径。因为世界各国凡是华人聚居的地方就习惯用粤语交流，粤语自然而然也就成了一种国际通用的“方言”，而广州又是最正宗的粤语源地，所以挖掘并利用这一文化标识对树立和传播广州的文化形象十分重要。从这一意义上说，广州岭南文化中心的定位，也包含着其作为广府文化中心和粤语文化中心的内涵。这三者是相互联系更是一脉相承的，构成广州走向世界最坚定的文化底气。

（三）建设文化强国城市范例

城市的文化形象是一个城市带给人们的总体印象或基本评价，是集历史传承、建筑风格、文化特质、精神风貌、文明程度等各个方面于一体的综合特征。一个城市的形象如何当然与它的宣传有关，但是任何一个国家、一个地区乃至一个城市的文化形象和文化地位都不是自说自话能够确立的，它还需要以普遍的社会认同作为前提和基础。城市的文化形象如何主要取决于它能给人们带来什么样的文化感受，其中包含着对文化品位高低的评价。一般而言，不同的文化品位给人们带来的文化感受是很不相同的，因而每个人对不同文化品位的城市所给出的文化评价会有较大差别。要改变人们对一个城市文化形象的认知和评价，不在于怎么说，重要的在于怎么做，必须用扎扎实实的文化发展来提升城市的文化综合实力，用物质文明与精神文明协调发展所达到的文明程度来彰显自身应有的文化地位。因此，进行城市文化形象的培育和提升必须考虑物质文化和精神文化相互融合、相得益彰的具象表现，从历史、现代和未来的相互融通中进行综合策划、总体设计和系统推进。

改革开放之初，广州对城市文化形象的主动构建是不足的。立于越秀公园的《五羊石像》，是广州少有的能够表征城市文化形象的标签。虽然不少人也知道广州又称作“羊城”或“穗城”，但是真正了解别称由来的人就不多了。这是因为在五仙观改扩建之前，许多人未必知道广州还有这样一个隐于深巷之中的城市祖庙，对“五羊”和“五仙”的神话传说自然也就知之甚少。随着广州经济社会的快速发展，城市综合实力不断提升，特别是随着对外开放和国际交往不断扩大，广州的经济功能越来越强大，但是其文化似乎总是隐而不显。于是，坊间就慢慢流传着“广州冇文化”或“广州是个说不清楚的城市”等说法。对于一个具有2200多年建城历史的国家历史文化名城而言，遭受这样的误解显然是有失公允的，但这也确实需要引起重视。为此，广州在不断推动经济发展的同时也在文化建设上发力，通过加强文化培根和文化赋能，切实为文化正名、让文化发光，努力把城市的文化内涵彰显出来、文化品格提升起来、文化形象树立起来。加上有深厚的文化底蕴和雄厚的经济实力作为支撑，所以广州的文化发展很快取得长足进步，文化的活力与优势越来越明显，所谓“广州冇文化”的说法逐步被“广州有文化”的声音所取代。

进入新时代，广州围绕增强国家中心城市的文化引领功能，对提升城市文化形象越来越有文化自信，越来越认识到要把城市的文化形象建设与国家文化发展战略结合在一起，要有铸就中华文化新辉煌的使命当担，让世界在广州读懂中国。为此，在新征程上广州文化发展的重要定位是建设成为社会主义文化强国的城市范例。我们知道，建设社会主义文化强国是我们党新时代必须担负的文化使命，要实现这样的使命需要全党全国的共同努力，也需要各个城市尤其是国家中心城市有所作为、作出贡献。广州是国家中心城市，又是改革开放走在全国前列的城市，理所当然要成为建设社会主义文化强国的城市范例。当然，要成为建设社会主义文化强国的城市范例也不只是一句口号，它意味着要把文化建设全面融入经济社会发展的过程当中、全面推进文化事业和文化产业发展、全面提升与国家中心城市相匹配的文化功能、全面增强城市文化综合实力。从丰富城市文化形象的内涵而言，就是要大力推动城市文明程度和市民文明素质的整体提升，用竞争实力向世界展示作为社会主义文化强国城市代表的文明风采。所以，从建设文化强国城市范例的意义上，广州不能仅仅被理解为广州人的广州，它更应该是中国的广州以及世界的广州。或者说，广州要有能代表国家向世界展示文化强盛的底气和实力，所以面向未来的文化发展，广州的使命会更加光荣、责任会更加重大，“文化广州”的国际影响力也要得到显著提升。

二、扩大城市文化品牌影响力

提升自身城市文化品牌的影响力，是广州提升城市国际地位的必有之举。广州作为中国改革开放的窗口城市，是中国历史最为悠久的港口城市之一，已经拥有良好的国际化基础。进入新时代，广州在由区域中心城市发展为国家中心城市，进而在以世界级大都市为发展目标的转型升级过程中，不断将自身的城市竞争能级提升到国际城市群的体系当中，具有国际影响力、国际吸引力、国际示范力的城市地位和文化品牌影响力日益凸显。

（一）多措并举推动城市文化品牌升级

城市文化品牌，是一个城市在历史文化传统、建筑设施外貌、社会文化活动、文化产品、文化氛围等方面所具有的鲜明特征。它代表一个城市在社会公众心中形成的印象，是易于为人们所指认的形象表述。城市文化品牌既是人们对一座城市的基本认知，也是人们对一种文化的基本认知。城市文化的品牌提升是将城市文化建设融入城市规划，推动经济社会发展的重要途径。可以说，每座城市都有属于自己的文化特质，但并非每个城市的文化特质都能真正成为它的文化品牌。伴随着城市发展路径的转轨和城市间竞争的多元化，具有吸引力的城市文化在聚合人才、经济、产业资源方面展现出越来越重要的价值，培育具有影响力的城市文化品牌已经越来越成为现代化城市高质量发展的重要因素。因此，越来越多的地方政府选择主动开展城市文化的品牌化建设，在城市规划、建设过程中充分挖掘本地特有的文化内涵，打造具有高辨识度的城市标识，形成由具体文化氛围、视觉符号、城市地标等要素组成的城市文化品牌，并积极推广城市文化品牌，使城市文化能够转化为托举城市走向现代化发展的重要支撑。

“一个城市在正常条件下既会长期存在，又会不断发展变化，所以作为这一城市集中反映的城市品牌就有一个更新问题。”[①]伴随着广州的城市发展能级不断提升，推动城市文化品牌不断升级，凝聚出更具时代特质，能够更好地服务于城市发展需要的城市文化品牌，并积极开展传播活动，既是广州城市文化建设的重中之重，也正是广州城市文化品牌建设发展的脉络所在。从在全市范围内组织城市形象大讨论，到主动探索构建具有国际影响力的城市文化品牌系统，再到在建设社会主义文化强国城市范例的格局下提出“四大文化品牌”，广州越来越注重对城市文化品牌的独特性建构。这表明，进入新时代的广州正在着力建设在国际交往中具有广泛认可度和影响力的城市文化品牌。在2012年发布的《中共广州市委、广州市人民政府关于培育世界文化名城的实施意见》中，提出将通过打造“海上丝路”“十三行”“广交会”“北京路”“广州花城”“食在广州”等六张城市文化名片来打造立体化的广州城市文化品牌系统，进而提升广州的文化形象。这六张城市文化名片，既有“广交会”“北京路”“食在广州”这样已经形成较高识别度的文化品牌，又圈画出广州因应世界文化名城建设而亟待焕发新活力的“海上丝路”“十三行”等历史名片。

在擦亮城市文化品牌的实践过程中，广州逐步探索出了一条以“顶层设计先行、文化地标建设、品牌活动推广、重点传媒推广”为举措的城市文化品牌影响力提升路径。以广州打造“海上丝路”文化品牌为例：先后成立了广州海上丝绸之路史迹申报世界文化遗产工作小组、海上丝绸之路史迹保护和申报世界文化遗产工作领导小组，并组建海上丝绸之路保护和联合申遗城市联盟，设立联合申遗城市联盟办公室。牵头组织召开了海上丝绸之路保护和联合申遗城市联盟第一次联席会议预备会议，出台了包

① 李成勋：《城市品牌的起源、选择和培育》，《经济与管理研究》2006年第3期。

括《广州海上丝绸之路遗产保护规划纲要》《广州海上丝绸之路文化遗产保护管理总体规划纲要》《广州市关于海上丝绸之路史迹保护和联合申报世界文化遗产工作方案》《海上丝绸之路保护和联合申遗三年行动计划（2019—2021）》《2020年海丝保护和联合申遗工作方案》等一系列工作方案，为广州海丝文化保护、研究、传承、传播等方面提供了持续性的组织、制度、经费保障，确保了城市文化品牌打造作为一项系统工程能够获得顶层设计上的充分支持。

为了突破“千城一面”的弊端，城市需要“个性化”的标志建筑物，给穿梭于其间的居民和来去匆匆的游客留下鲜明且深刻的印象。在城市文化品牌升级中，作为城市传播意象的重要载体的“文化地标”同样是极为重要的锚定物。而要彰显一座城市深厚的文化底蕴和历史脉络，城市历史空间的景观塑造就显得尤为重要。因为“一座城市的精神可以通过具象的文化地标展现出来。在历史遗迹和博物馆的文物中可以看到城市的变迁和文化的脉络”[①]。为此，广州将依傍海上丝绸之路史迹、全国重点文物保护单位南海神庙而修建的广州海事博物馆作为广州市海上丝绸之路文化建设的重点文化工程项目，打造出一个位处历史现场，具有博物功能并结合了最新科技艺术展现形式的文化地标，使之成为依托广州深厚海丝文化底蕴，展现广州文化特色的重要城市空间。

在宣传策略上，一方面，通过与中央媒体合作拍摄并在其播放反映广州丰富海上丝绸之路历史文化内涵的纪录片。另一方面，组织“海上丝绸之路沿岸国家主流媒体看广东”“穿越亚欧海上丝绸之路”等一系列重要媒体“迎进来、走出去”大型采访活动，大规模向国内外公众普及广州海丝史与海丝文化，增进海上丝绸之路沿岸国家和地区对广州社会经济发展状况的认识和了解，能有效提升广州海丝文化这一城市文化品牌的知名度和影响力。

---

① 艾文婧、许加彪：《城市历史空间的景观塑造与可沟通性——城市文化地标传播意象的建构策略探究》，《陕西师范大学学报（哲学社会科学版）》2021年第4期。

此外，广州还着力进行城市文化旅游名片的宣传和推介。例如，广泛宣传“食在广州”这一金字招牌，让广州成为令人向往的美食体验之都；又如，打造“广州过年，花城看花”的品牌，每到春节都吸引大批海内外宾客到广州“行花街”。作为国家中心城市、综合性门户城市，广州城市文化的品牌影响力是国家影响力的重要体现。进入新时代，广州正以满足新时代人民对美好生活向往的城市生活为方向，并基于“高品质生活”的城市魅力营造城市空间，不断推动城市发展，提炼城市文化品牌，已越来越成为超大型城市提升文化品牌影响力、讲好中国故事、展现中国形象的城市范例。

（二）“三维合一”① 塑造现代城市文化景观

文化景观作为一个城市或地区的文化特征的直观反映②，是一个包含城市自然景观、城市建设景观和城市生活景观在内的复合系统。城市文化景观的塑造，既要包含必不可少的自然环境和历史风貌，还要具有能够呈现城市发展成就的时代印迹。文化景观，必须要彰显出城市对人们生活的容纳和回应。早在宋元时期，广州人就已经有意识提炼体现广州城市人文风貌的“羊城八景”，伴随着城市建设和发展，广州的城市文化景观不断更迭，广州人也不断评选着能够代表广州各个时期城市特质的“羊城八景”。从宋元时代以自然风光为主，到明清时期偏爱城区建设成就和海外贸易发展，历史上每一次对“羊城八景”的评选，既是对广州文化景观的记录，也是广州人对这座城市表达热爱的方式，更代表着广州主动将城市文化景观进行品牌化的不懈努力。

全球化与现代化叠加，使城市竞争进入了经济硬实力和文化软实力齐头并进的新赛道。文化景观越来越成为凝聚城市认同的重要情感纽带，

① “三维合一”：指城市景观品牌化、城市发展定位品牌化、城市景观与发展定位品牌中的人文关照综合成为“人文广州”这一城市品牌。

② 周尚意、孔翔、朱竑：《文化地理学》，高等教育出版社2004年版，第301页。

文化景观的品牌化建设契合着“讲故事、塑名片、营环境、搭平台、吸流量、提动能”的城市发展新逻辑，是建设区域乃至全球中心城市、提升城市文化辐射力的重要支点，更是展示城市生活新理念，提升城市价值观引领力的重要依托。文化景观的升级是现代都市建设彰显独特个性、增强影响力的客观需要，越是参与全球化竞争就越需要城市用其特有的个性来展示独特魅力。广州要在世界城市体系中占有一席之地，在全球城市竞争中赢得发展优势，关键就在于从历史文化、人文精神等软环境方面构建有世界级吸引力和影响力的城市文化景观。因为在国际竞争中，每个城市的影响力都是以知名度为前提的。只有通过塑造立体多元的文化景观，实现对城市文化特质系统化、品牌化、个性化的表达，才能让自己的城市文化形象获得具有广泛辨识度的国际认知。所以，提升城市文化景观的魅力对一个城市走向国际化的发展至关重要。

城市文化景观不停推陈出新，表明城市文化形象的代表性文化符号不断增加，表明城市居民对广州城市文化内涵的理解不断丰富，更能表明广州城市文化具有不断创新发展的源源动力。从地方文化到物资特产，从古老建筑到名人典故，城市文化景观所覆盖的范围愈广泛，涵盖信息愈丰富，所产生的代表性和吸引力就越强、越盛。虽然能够成为广州城市文化景观的要素不胜枚举，但每次评选都是以其能否对城市文化软实力提升形成托举力为关键标准，所以这样的评选具有很强的品牌化意义。为了与城市文化建设的新成就与新定位相匹配，广州又不断提出打造“图书馆之城”“博物馆之城”“动漫之城”“音乐之都”“美食之都”“设计之都”“定制之都”“直播之都”“会展之都”等新型的城市文化景观，窥其本质，这些城市文化发展的定位及其景观塑造，并非仅是为了吸引游客好奇心而提出的宣传语，更是在立足于广州经济社会发展和城市规划的基础之上，构建出真实、动态、立体的广州形象，其中蕴含的是广州这座城市深厚的历史文化底蕴、丰富的公共文化生活和显著的城市发展成就。

在城市文化景观塑造中，广州还特别注重对人文意蕴和情感体验的关照。譬如，广州提出打造“图书馆之城”“博物馆之城”，并非为生造一个文化景观，而是将其作为提高市民文化生活品质，完善城市公共文化设施布局的一项重要基建工作来开展。在完成“图书馆之城”“博物馆之城”建设的预定硬件工程基础上，广州还不断通过开通全市图书馆通借通还、广州数字图书馆“门户服务项目”等软性服务，提升市民的获得感、幸福感。无独有偶，广州在“美食之都”的城市名片建设过程中，是将“食在广州”与“食得放心”作为并置的工作中心，食品安全和食品生产标准才是广式美食之都所关照的重点。这表明，追求人作为主体的生活意义才是广州城市文化景观的根本遵循，主客共情共享已经越来越成为广州打造城市文化景观的初心所在、方向所在。

（三）发力国际传播，讲好城市发展故事

推进国际传播能力建设不仅是对外宣传的需要，更是建设文化强国、提升国家文化软实力的需要。习近平总书记指出：“要深入开展各种形式的人文交流活动，通过多种途径推动我国同各国的人文交流和民心相通。要创新体制机制，把我们的制度优势、组织优势、人力优势转化为传播优势。要更好发挥高层次专家作用，利用重要国际会议论坛、外国主流媒体等平台和渠道发声。各地区各部门要发挥各自特色和优势开展工作，展示丰富多彩、生动立体的中国形象。”[①]随着国际交流交往日益便捷，国际传播影响力的提升途径不再仅限于国际传媒，还包括国际会展、国际旅游、文化交流、城市外交等活动。通过这些活动对外传播好一座城市的文化底蕴、政府效率、城市环境、国际化程度等信息，有助于提升外界对城市的好感度，提升人们对城市的向往度。这种城市向往度的提升与城市传播影响力增强之间，又形成一种相互促进的积极效应。

广州作为肩负“两个重要窗口”使命的国家中心城市、综合性门户

① 习近平：《习近平谈治国理政》（第四卷），外文出版社2022年6月第1版，第316页。

城市，在提升城市文化的国际传播影响力方面责任重大。进入新时代，广州高度重视向世界讲好城市发展的故事，着力提升城市传播影响力。从内容来看，作为改革开放的前沿地，高品质生活在这里已经成为常态。这是我们党坚持改革开放，以人民为中心的最好例证，讲好广州改革开放的故事，就是讲好中国故事、证明中国方案的最鲜活案例。从能力来看，2017年广州举办《财富》全球论坛，成为广州开启新阶段城市品牌国际传播影响力提升的关键节点，也是实力的体现。广州通过运用城市推介会、国际传媒合作等方式，在《财富》全球论坛期间立体式植入广州元素，成功打造出一届具有广州特色的《财富》全球论坛，让更多国际友人了解了广州市情、传播了岭南文化。在此基础上，广州将2018年作为“城市形象国际传播年和国际品牌提升年”，制定《广州建设国际交往中心三年行动计划（2018—2020年）》，启动编制新一轮广州城市形象国际传播规划，大力推动国际传播工作升级提质。经过不断探索和经验总结，广州已经基本上形成了通过举办国际智库会议、高端会展，国际传媒合作，开展城市外交，运用海外新媒体平台等方式提升城市传播影响力的国际传播战略体系。

2019年，经过多方争取，国际高端智库会议“读懂中国”首次离京来穗举办，并在2020年正式落户广州。可以说，通过三年时间的跟跑、摸索、创新，广州已经完全具备举办国际级智库论坛的能力，“广州智慧”“广州经验”“广州方案”开始为国际所知晓。在广州“读懂中国”，已经成为广州城市品牌具有国际代表性、影响力的最佳例证。在2020年新冠肺炎疫情期间，广州市人民政府又通过“广州发布”品牌提质升级，以新闻发布会形式开展国际传播，探索将新闻发布会与智库传播、政府传播、名人传播相融合的新模式，取得很好的成效。总体来看，经过近年来的不断努力探索，广州在国际传播影响力方面，已经形成一套具有典范性的城市品牌传播模式。

三、打造国际知名旅游目的地

旅游是文化体验的重要方式，当游客进入承载着丰富文化内涵和深厚文化品质的旅游目的地时，能够感受到文化的陶冶与身心的愉悦。一个城市的文化内涵与文化品质提升，是旅游目的地知名度和吸引力的根基所在；同时，打造有影响力的知名旅游目的地又是提升城市文化形象、增强文化软实力的重要途径。进入新时代，广州依托自身旅游资源丰富、国际化基础较好的优势，将打造世界级或国际化旅游目的地作为提升城市文化形象的重要抓手，努力让享誉世界的“千年商都”成为人们商贸交流、休闲度假、享受浪漫的心仪之地。

（一）探索文旅融合，建设世界旅游目的地

作为改革开放排头兵、先行地的广东，将发展文化旅游，推动文化与旅游融合，大力发展文化休闲娱乐产业作为《广东省建设文化强省规划纲要（2011—2020年）》中的重要战略目标，并在《广东省国民经济和社会发展第十二个五年规划纲要》中提出要建设全国旅游综合改革示范区，建成亚太地区具有重要影响力的国际旅游目的地和游客集散地。作为广东省会城市和文化旅游重镇的广州，按照省委、省政府的统一部署，于2012年将建设“世界旅游目的地”作为培育世界文化名城的重点任务之一，正式写入《中共广州市委、广州市人民政府关于培育世界文化名城的实施意见》。

就具体实践而言，广州推动文旅融合发展，建设世界级旅游目的地是一项持续推进的系统工程。早在启动打造全市“一区一品牌”文旅项目的过程中，广州就已经明确提出要围绕传承和弘扬广府文化，建立一批有吸引力的特色文化旅游项目，既包括“古城旅游”这类偏向传统文化的旅游线路，也包括“商都旅游”“生态旅游”这类在当时具有前沿性的特色

文旅线路。与此同时，各区也积极根据自身所具有的文化特色进行文旅品牌的打造，比如黄埔区的“波罗诞千年庙会”、越秀区的“广府庙会”、花都区的“盘古王诞”、荔湾区的“老广州民间艺术节”、海珠区的“广东珠三角咸水歌会”等。这些文化节庆活动逐渐发展成为极具地方特色、很受欢迎的文化旅游项目。经过不断的探索和积累，广州培育了以“山、水、城、花”为内涵的全方位、多层次的旅游产品体系，形成了“吃、住、行、游、购、娱”皆具特色的产业集群，在旅游人数、旅游收入、资源开发、交通设施、产业规模等方面均获得较快发展，旅游综合竞争力已经位居中国内地旅游城市第三，并在2014年获批成为中国旅游综合改革试点城市。这样的跨越式发展，为新时代广州打造国际旅游目的地奠定了坚实的基础。

2014年11月底，广东省人民政府办公厅印发《珠江三角洲地区旅游一体化规划（2014—2020年）》。提出要“以广州、深圳、佛山等九大珠三角城市为主体，纳入港澳合作内容，推进珠三角旅游一体化进程，将珠三角打造成具有全球影响力的世界一流旅游目的地”的总目标，并对广州提出要发挥国家旅游综合改革试点城市的示范引领作用，率先建设成为具有世界先进、国内一流水平的旅游中心城市，提升广州区域集散中心和服务中心地位的总要求。2015年，《广州市国家旅游综合改革试点实施方案（2015—2020年）》（以下简称《方案》）正式出台。这标志着广州开始进入全面打造国际旅游目的地、推动文化与旅游业融合发展并实现转型升级的新阶段。

这一《方案》为广州在“十三五”时期的旅游改革发展确定了三大战略目标：一是形成旅游科学发展的体制机制；二是确立旅游战略性支柱产业地位；三是要建成世界旅游名城和国际旅游目的地、集散地。《方案》为推动广州国际旅游的发展作出了一系列制度和政策安排，包括争取在广州开展外资和中外合资旅行社经营出境游业务，吸引国际旅行社在广州落户注册；优化扩大“72小时免签证”政策适用范围；优化“144小时便利签证”政策，允许在港澳旅游的外国游客直接到广州旅游；探索穗港澳游艇“自由行”政策；争取内地游客可在广州办理港澳旅游签证试点政策；等等。

《方案》甚至还提出要通过推动全面落实带薪休假制度，鼓励弹性休假、错峰出行，为职工外出休闲度假提供制度性保障；要大力培育旅游市场主体，支持鼓励将现有的旅游企业打造成为国际性龙头旅游企业，鼓励广州品牌旅游企业“走出去”，开拓国际国内市场；创造更加宽松的环境，吸引国际国内旅游品牌企业落户广州等系列举措。可以说，《方案》的出台，进一步展现出广州改革创新的魄力，广州通过大力推进国家旅游综合改革试点工作，不断提升城市旅游服务质量和发展的国际化水平，着力朝着建设国际知名旅游目的地的目标迈进。

（二）推动全域旅游发展，建设世界旅游名城

2016年全年，广州接待游客总人数达1.85亿人次，旅游业总收入达3217.05亿元，同比增长超过12%，旅游外汇收入为62.72亿美元，旅游业增加值为1368亿元，占全市生产总值的7%[①]。2017年，广州出台《广州市人民政府关于进一步加快旅游业发展的意见》和《广州市旅游业发展第十三个五年规划》两份重磅文件，并召开了首次全市旅游发展大会。《广州市人民政府关于进一步加快旅游业发展的意见》明确提出要“以推动全域旅游发展为主线，紧扣广州‘三大战略枢纽’发展重点，对标国际先进旅游城市，拓展国际视野，加快旅游业供给侧结构性改革，把旅游业培育成为我市战略性支柱产业和人民群众更加满意的幸福产业”[②]为指导思想，对标世界先进旅游城市水平，将广州建设成为世界旅游名城和重要的国际旅游目的地、集散地。

---

① 袁萍、金淘：《广州步入“迈向全球城市”发展轨道》，《南方都市报》2017年9月20日。

② 广州市人民政府：《广州市人民政府关于进一步加快旅游业发展的意见》，广州市人民政府门户网站，2017年6月28日，https://www.gz.gov.cn/zfjgzy/gzsrmzfbgt/zfxxgkml/bmwj/qtwj/content/post_4435686.html.

《广州市旅游业发展第十三个五年规划》提出，要放大“海上新丝路”“千年商都”两大世界级旅游名片，提升“珠江画廊”“食在广州”“会奖之都”“南国花城”“创意广州”“革命之都”六大文旅优质名片。同时明确：要坚持以市场为导向，以旅游供给侧结构性改革为重点，以标准化、品质化、多样化为核心，形成一批具有国际吸引力的旅游品牌；要探索旅游消费升级，开发多元化的旅游产品，不断拓展广州旅游功能区，发展新业态，培育新热点；要发挥“旅游”强大渗透力，实现社会资源广泛旅游化，努力实现城市公共空间、公共旅游资源的扩充与提质，大力开拓国际会奖、商务旅游，将广州打造成为世界旅游名城和重要的国际旅游目的地、集散地。①

这些重要举措的效果非常明显，迅速将广州的旅游产业发展提升到一个新的高度。2018年，广州游客数达2.23亿人次，其中入境旅游过夜人数达900.63万人；旅游总收入突破4000亿元大关，其中旅游外汇收入为64.82亿美元。在欧睿国际发布的2017年度全球百大旅游目的地城市排行榜中，广州排名全球第18位。世界旅游及旅行理事会发布的城市旅游及影响报告显示，世界十大发展最快的旅游城市中，广州位列第二。

作为国家旅游综合改革试点城市，广州还创新成立了华南首个旅游产业资源整合交易公共服务平台——广州旅游资源交易平台。该平台通过联合银行、保险、基金等金融机构，创新金融服务模式，直接服务于旅游行业企业，满足相关企业旅游项目的资金、保险及风险共担等需求，促进产业多元融合与共赢发展。在加拿大的多伦多、温哥华和新加坡等境外城市设立的广州旅游推广中心，更通过每年邀请国际旅游界具有较大影响力的领军人物来“花城看花”，来广州“过年”的系列活动，让国际友人更直观地感受广州改革开放取得的丰硕成果，宣传广州城市形象。

整体来看，广州文化、旅游、科技、金融、互联网融合发展的创新文

① 广州市旅游局：《广州市旅游业发展第十三个五年规划》，广州市人民政府门户网站，http://wglj.gz.gov.cn/attachment/6/6977/6977551/7796327.doc.

化业态已经逐步成型，广州文旅业对居民消费升级的支撑力和吸引力同步彰显，广州也通过大力培养多元化的旅游市场主体，打造涵盖主题文化、红色文化、艺术文化等多种文化的品质化、个性化的旅游产品，带动经济转型升级发展。在新的时代背景下，广州通过文旅领域的改革创新以满足人民对美好生活的向往和全面发展的需要为目标，持续提升文旅产品品质，为发挥文旅产业的供给侧结构性改革找到了新路径，为广州全域旅游建设提供有力保障。

（三）紧抓新机遇，打造世界级旅游目的地

近年来，广州积极推动发展基于第五代移动通信技术（5G）、超高清、虚拟现实（VR）、增强现实（AR）、人工智能（AI）等技术的新一代沉浸式体验性文化旅游消费业态，通过完善提升重点商圈、特色商业街区、餐饮集聚区建设，加快商业与文化、旅游、会展、体育等产业融合，进一步改善消费环境，激活市民消费活力。以北京路步行街、天河路商圈为代表的城市商业中心，纷纷围绕“游娱购赏”的功能转变进行升级。广州北京路步行街自2018年入选全国首批步行街改造提升试点以来，围绕广府文化老建筑、老品牌、老城脉为主线进行改造提升，按照“修旧如旧”的原则，让骑楼建筑恢复具有“岭南特色、民国风情”的历史风貌，打造“岭南建筑博物馆”，实现消费新热度、文化新体验的“大改观”。天河商圈各购物中心则通过在购物空间中增加大量的文艺演出、文化展览、博物馆等项目打造的文化零售业态，丰富消费者的购物体验。在文旅项目的时态创新上，广州不断推进“夜文旅”项目建设，通过制定《广州市推动夜间经济发展实施方案》，设立“Young城Yeah市”（“羊城夜市”）夜间消费节，适当延长公交、地铁等部分公共服务设施运营时间，打造具有广州特色，集广府文化、非遗、娱乐、美食交流IP（知识产权）于一体的夜间经济项目。在夜间文化旅游集聚区建设方面，由天河路商圈、北京路商圈、上下九路商圈等50多个大型商圈、商业综合体、文化旅游场所组织成

立了全国首个夜间消费联盟，“珠江夜游”“博物馆奇妙夜”“国际灯光节”“潮墟”“荔湾夜游”“广百之夜”等品牌活动影响力持续攀升。

2019年2月，由习近平总书记亲自谋划、亲自部署、亲自推动的《粤港澳大湾区发展规划纲要》正式公布，提出要构建现代化的综合交通运输体系，建设宜居宜业宜游的优质生活圈、构筑休闲湾区[①]。在粤港澳大湾区中，香港是连续多年获得全球最受欢迎的旅游目的地、入选全球十大旅游目的地的城市[②]，澳门是以“建设世界旅游休闲中心”为定位，旅游相关行业在职员工超过全澳门总体就业人数一半以上，接待的旅客人数位居全球前列的世界文旅重地。广州作为国家中心城市和综合性门户城市，大湾区综合交通枢纽和科技教育文化中心，紧抓大湾区建设机遇，与香港、澳门在文旅业领域开展互联合作，推动大湾区旅游协同发展，将粤港澳大湾区的旅游业构建成与国际接轨的开放型旅游经济，建设宜居宜业宜游的大湾区优质生活圈，是广州的职责所在。

为此，广州发起成立了推进粤港澳大湾区建设文化旅游一体化发展专项小组，并当选首届“粤港澳大湾区城市旅游联合会”轮值主席城市。广州提出要围绕粤港澳大湾区“一小时生活圈”，共同培育打造粤港澳大湾区文化旅游高质量发展示范区、文化休闲与康养健身的国际旅游目的地，共建宜居宜业宜游的优质生活圈，并启动粤港澳大湾区北部生态文化旅游合作区建设，开发了16条粤港澳大湾区历史文化遗产游径系列精品旅游线路，全面实施过境免签政策，过境免签逗留时间由72小时延长至144小时。同时，广州在2019年还制订实施了《广州市文化旅游服务质量提升“1+9”计划》，全面提升旅游景区服务、旅游住宿服务、旅行社综合服务、文化旅游公共服务、文化演艺服务和文物保护单位管理服务水平。广州的文旅业乘着大湾区建设的东风扶摇直上。据统计，2019年，广州全年旅游接待

① 《中共中央 国务院印发〈粤港澳大湾区发展规划纲要〉》，中国政府网，2019年2月18日，http://www.gov.cn/zhengce/2019-02/18/content_5366593.htm#1.

② 何德花：《香港荣膺最受欢迎旅游城市 连续6年蝉联冠军》，大公网，2016年1月30日，http://news.takungpao.com/hkol/topnews/2016-01/3275154_wap.html.

总数达2.45亿人次，实现旅游增加值1894.09亿元，约占全市生产总值的7.9%。广州还连续4届当选亚太城市旅游振兴机构（TPO）会长城市①。

与此同时，广州旅游景区提质升级工作也取得了重大成果。2019年，番禺区成功创建首批国家级全域旅游示范区，是全省仅有的两个示范区之一，成为国家级全域旅游示范区的标杆。另外，通过专题旅游宣传，举办国际文旅节、会、展，有针对性地组织旅游企业到国外重要目标市场进行精准营销等一系列精心策划的活动，“不出广州，吃遍世界”“广州过年，花城看花”“广式服务”“广州塔”“珠江游”等广州旅游的品牌推介活动在世界范围内的吸引力越来越大。

2021年，广州市文化广电旅游局先后对外发布了《广州构建世界级旅游目的地三年行动计划（2021—2023年）》《广州市文化和旅游发展“十四五”规划》。提出广州将建设一批文化和旅游产业重大项目平台、文化和旅游融合集聚区，创建一批文创产业示范基地、文化和旅游产业示范园区，打造6个旅游发展高端示范板块和7个世界级旅游精品。建设国家和省级全域旅游示范区（含创建单位）8个以上，A级旅游景区100家以上，旅游总收入突破6000亿元，旅游总人次突破3亿。

今天的广州，已经形成了“吃、住、行、游、购、娱”六元素完备的文旅全产业链，不仅是国内主要的旅游客源地之一，更是越来越受世界游客喜爱的旅游目的地。“十四五”时期，广州将围绕建设“世界文化名城”和“世界级旅游目的地”的总体定位，以挖掘、保护、传承、弘扬、活化优秀岭南传统文化为基础，突出岭南文化的特点特色，着力推动创新性发展、创造性转化。全力推进全域旅游创建，提升世界级旅游目的地吸引力。

① 陈薇薇：《文旅融合提升城市魅力》，《广州日报》2021年1月5日。

四、推动国际文化交流与合作

在全球化浪潮的推动下，以国际化城市为主体开展对外交往的需求日益增强，城市的对外交流与合作成为国家外交战略的重要组成部分，也是树立自身城市文化形象、提升文化影响力的重要途径。历史上，曾是古代海上丝绸之路发祥地的广州，有深厚的对外文化交流底蕴和丰富的对外交往经验。进入新时代，随着国际化进程不断推进和国际文化交流合作不断深入，对外交往历史悠久的广州再次成为国际文化交流合作的积极参与者、推动者。

（一）打造国际会展品牌，丰富外联渠道

广州是国内会展业发展最早、会展经济最为活跃的地区之一。中国举办时间最长、规模最大、展出商品种类最全、到会客商最多、成交效果最好的中国进出口商品交易会（又称“广交会”），就是在1957年创办于广州的，至今已举办130余届。截至2019年统计数据显示，广州规上展会数量、规上展会面积、展览面积均位列全国第二。除广交会外，包括广州博览会在内的各类国际性会展活动频频落地广州，会展业成为广州拓展对外联系、扩大国际知名度、开展对外交往的重要渠道。

在《广州建设文化强市培育世界文化名城规划纲要（2011—2020年）》中，广州明确提出要通过陆续引进国际品牌展会，创新展会举办形式，完善会展服务体系，做优文化会展业，提升产业整体规模和综合竞争力。到2012年，广州文化会展类会展数量多、内容门类多的规模效应已经初步彰显，包括中国音乐金钟奖、中国国际漫画节、中国（广州）国际纪录片节、广州国际艺术博览会、中国（广州）国际演艺交易会在内的多个品牌会展在国内外已经形成一定影响力。广州也主动依托已有的文化会展品牌活动，开展对外文化交流。一是通过文化会展“请进来”全国乃至世

界的文化精品。通过“请进来”，广州不断对标全国乃至世界文化精品，吸收和利用其文化成果，比较文化发展状况，总结文化发展的经验，促进自身的文化建设。二是广州尤其注重利用好会展平台，宣传“中国故事”和“广州故事”，弘扬国家和地方化因素，提升国际形象，扩大国际影响力。广州积极运用中国（广州）国际纪录片节这一平台，与全球六大国际电影展签署合作协议，打通节目和方案的互换渠道，并通过“幸福中国与新时代广东精神”系列纪录片和“发现广东——非物质文化遗产电视系列电视纪录片”对外宣传岭南文化风情。2016年，在中国（广州）国际纪录片节中专设“中国故事”国际合拍提案大会，签约来自全球的27个“中国故事”纪实影像项目，向世界展示中国，让世界认识广州。

经过多年发展，广州已经打造出包括中国（广州）国际演艺交易会、广州艺术节（戏剧节）、羊城国际粤剧节、中国国际漫画节、中国（广州）国际纪录片节、中国国际儿童电影节、广州大学生电影节、中国音乐金钟奖、广州国际艺术博览会在内共九大国际性、全国性的大型文化活动平台。这些平台都在行业内具有较大的国际影响力，并且实现了较大的产业交易和合作。为进一步增强广州会展业对文化交流与合作的托举力，2017年，成立了广州文化产业交易会组织委员会，按照“五统一”原则，启动文化类会展的品牌化整合策略，将包括以上九大平台在内的演艺、广播电视、电影、出版、版权、动漫游戏、音乐、艺术品会展项目整合为一个综合性会展联合体，并推出“广州文化产业交易会”（以下简称“广州文交会”）这一统一品牌。从每年 7 月开始，分时段、分专题组织交易展区，形成持续 5 个月之久的文化产业交易季。具体来说，就是将广州的文化类会展活动按照统一组织领导，统一开幕启动，统一对外形象，统一宣传推介，统一统计交易的方式，整合资源，打造具有国际影响力和整体效应的“文化‘广交会’”，赋能广州的文化竞争力。2017年首届广州文交会就吸引了232家机构1000多台剧目参加演艺交易会，113个国家和地区的4239部影片参展纪录片节，5.19亿元的影片意向交易额，38个国家和地区的两万余件艺术品参展艺博会。2019广州文交会吸引了超过100万人次直接参与，直接或意向成交项目交易额达到25.18亿元，同比增长14.5%，17项重点文化产业项目签约，合同金额达301亿元，56项演艺交易项目、18项文化IP授权项目实现签约，合同金额达3.4亿元①。经过三年发展，广州文交会观众参与量、作品成交量和项目签约量持续攀升。整体来看，从2012年到2019年，广州重点会展场馆累计展览面积由828.97万平方米增长至1024.02万平方米，10万平方米以上大型会展从13个增加到17个。2020年以来，会展业虽受新冠肺炎疫情严重影响，但依托广州疫情防控措施有力有效，会展业恢复的势头强劲。自2020年6月广州恢复线下展会后，仅2020年下半年就举办高达510场展览，办展场次和面积依然保持全国前列。

经过数年耕耘，广州打造出以广交会、文交会为引领，“会展奖节”“四位一体”的国际文化交流平台。

近年来，越来越多具有国际影响力的高端国际会议选址广州，让广州成为国际会议的主要举办城市之一。2017年，国家主席习近平会见了来华出席广州“2017从都国际论坛”的世界领袖联盟成员并向广州《财富》全球论坛、中国与葡萄牙语国家最高法院院长会议等多场高端论坛致贺信；2018年，国家副主席王岐山出席“2018从都国际论坛”开幕式；2019年，国家主席习近平会见出席2019年“读懂中国”国际会议的外方嘉宾代表并向大会致贺信；2021年，国家主席习近平分别向“读懂中国”国际会议（广州）和“从都国际论坛”开幕式发表视频致辞。这些都是对广州的肯定和支持，为广州致力提升国际影响力带来巨大的鼓舞和鞭策。广州还与世界大都市协会（Metropolis）、世界城市与地方政府联合组织（UCLG）共同发起设立“广州国际城市创新奖”并创办广州国际城市创新大会，树立起城市治理创新领域重要的国际活动品牌。在广州召开的国际级重大会议越来越吸引着全中国乃至全世界的目光，这不仅反映出广州国际会议市场的繁荣，更体现了广州在国际交流交往中的中心吸引力、号召力。在

① 林洁：《广州文交会直接或意向成交25.18亿元》，中国青年报客户端，2020年1月2日，https://s.cyol.com/articles/2020-01/02/content_DaOO6PTz.html.

2021年发布的《广州市加快培育建设国际消费中心城市实施方案》中，广州明确提出以“打造全球会展之都”为建设目标，形成10个左右亚洲乃至全球规模第一展会[①]，加强与全球商贸文化旅游领域的合作共赢，持续彰显国际影响力与辐射力。

（二）夯实国际友城工作，创新城市交往

随着全球化的不断推进，开展多层次化的对外交往成为国际间交流合作的重要补充。以城市为代表的次国家主体参与对外交往，既是国家外交活动的重要组成部分，又是民间外交活动的重要表现。习近平总书记曾指出：“要大力开展中国国际友好城市工作，促进中外地方政府交流，推动实现资源共享、优势互补、合作共赢。要重视公共外交，广泛参加国际非政府组织的活动，传播好中国声音，讲好中国故事，向世界展现一个真实的中国、立体的中国、全面的中国。”[②]

广州是中国最早对外开展民间友好交往的城市之一，国际友好城市已经成为广州推进城市国际化的一个重要支点，也成为让世界了解广州、让广州走向世界的重要途径。开展国际友好城市工作，积极参与城市间合作组织，也历来是广州推动国际文化交流与合作的主阵地。友好城市的双边交往，在推动广州经济、文化等领域发展中发挥着重要作用。

从1979年广州与日本福冈建立第一个国际友好城市关系开始，广州的国际友好城市工作成绩就可圈可点。近年来，广州全力推进国际友城工作出新出彩，发展速度迅猛，成果显著。2012年，广州成为中国国际友好

① 广州市人民政府：《广州市人民政府关于印发广州市加快培育建设国际消费中心城市实施方案的通知》，广州市人民政府门户网站，2021年11月22日，https://www.gz.gov.cn/zwgk/fggw/szfwj/content/post_7926464.html.

② 《习近平在中国国际友好大会暨中国人民对外友好协会成立60周年纪念活动上的讲话》，中国政府网，2014年5月15日，http://www.gov.cn/xinwen/2014-05/15/content_2680312.htm.

城市大会（2014年）的承办方，广州以此为契机，开始大力推动“友城拓展战略”，全力搭建由友好城市、友好合作交流城市、友好城区、友好单位组成的立体国际交往网络，仅2012年，与广州缔结国际友好城市关系和国际友好交流城市关系的城市就达到11个。2014年，广州探索与奥克兰、洛杉矶缔结三城经济联盟，并设立常态化市长联席会议机制，同时用好外事资源，通过申办APEC（亚太经济合作组织）商务旅行卡、实施“海外民生工程”等方式，积极助力企业和市民“走出去”。到2015年，三城经济联盟已推动建立150家企业，达成数十亿美元的合作意向，广州在全省甚至全国外贸进出口额负增长的大环境下，实现了同比3.9%的正增长。2016年，广州制定《广州市国际友好城市工作规划（2016—2020）》《广州市国际友好城市工作三年行动计划（2016—2018）》，明确提出要谋划实施“钉子战略”，以“广州—奥克兰—洛杉矶友城经济联盟”为样本，加强与温哥华、悉尼、奥克兰、仁川等环太平洋港口城市交流合作，以欧洲、北美为重点探索友城经济联盟合作新模式，推进建立广州—里昂—法兰克福—伯明翰，广州—曼谷—福冈多边城市经济联盟，深挖广州与洛杉矶、法兰克福、坦佩雷等知名城市的优势产业合作潜力，服务全市对外经贸合作，强化国际友城交流资源整合和合作项目规划。到2017年，广州新增6个友好关系城市，友城总数达70个，外国驻穗总领事馆增至60个，广州国际交流互动更加频繁。该年度共计举行了83批友城间政府、企业、教育、文化、艺术代表团互访活动。其中“广州文化周”这一广州市重点打造的对外文化交流品牌活动在海外大放异彩。“欢乐春节英国行”“南国红豆耀云城”“许鸿飞雕塑世界巡展”“海丝映粤文物精品展”等文化周活动陆续在海外登台，广州的文化团体奔赴英国、马来西亚、新加坡、德国、瑞典、芬兰、立陶宛、哥伦比亚等国家开展雕塑艺术展、杂技艺术表演、广东音乐表演及综合艺术表演，通过把传统元素与时尚元素、广府特色与世界潮流结合起来，聚焦世界目光，推介广州城市品牌形象，向世界展示名城广州。同年，作为广州旅游的“形象代言人”，也是广州与境外友好城市旅游交流重要桥梁的“广州旅游境外推广中心”在纽约、巴黎、莫斯科等10个世界重要城市正式成立运行，同时设立的还有广州驻“硅谷”、波士顿和以色列特拉维夫科技创新合作办事处，广州与奥克兰、洛杉矶三城经济联盟也将合作领域进一步扩展到旅游业，三城以签订“旅游合作意向书”为开端，积极为跨国城市间交流创造条件，广州为此专门在相关城市间开通了每周11班次的直航服务。除此以外，广州国际友城足球交流学校、广州国际友城文化艺术团、帕格尼尼国际小提琴大赛亚洲区选拔赛、广州地区中外友人运动会等业已成为广州友城交流的品牌项目，友城民间交流不断扩大。

2018年，广州的友城交往活动进一步增效提质。是年，《广州建设国际交往中心三年行动计划（2018—2020年）》出台，提出以国际交往动力显著增强、国际交往平台全面升级、国际交往影响大幅提升、国际交往格局更加完善、国际交往服务环境不断优化五方面工作的增效提质，推动广州到2020年初步建成在世界城市舞台具有较高话语权和影响力的国际交往中心。截至2021年，广州已经与世界六大洲的38个城市结为国际友好城市关系，与62个城市建立国际友好合作交流城市关系，其中，超过70%的国际友好城市关系和国际友好交流城市关系是在2012年以来的近十年中缔结的，广州国际友城“百城计划”圆满完成，国际友城的“长效资源”作用不断叠加。

（三）参与全球城市治理，提升国际声誉

国际组织为城市间开展对外交流合作、共享城市治理经验等提供了有效平台，能够给城市的经济社会发展带来重大影响，越来越多的中国城市也开始进入国际组织的多边交往平台，充分发挥自身特色优势，积极拓展对外交往渠道。广州积极参与由各国城市推动形成的国际城市多边组织，致力于拓展城市间的交往、交流与合作，探讨和解决城市发展与管理的共同问题。在此过程中，一方面学习并积累与国际城市多边组织交往的经验；另一方面也提升了广州的国际声誉与知名度。逐渐形成了“国际领

导—国际智库—国际会议—理论研究—专业平台—区域中心”的多位一体、主体鲜明、相关关联支撑的创新体系①。

2012年11月，由广州牵头，与世界城市和地方政府联合组织（以下简称“世界城地组织”，UCLG）和世界大都市协会合作，共同创办了广州国际城市创新奖（以下简称“广州奖”），用以表彰城市或地方政府推动创新发展方面的成功实践。广州奖的设立，既是评估和表彰城市和地方政府推动创新发展的成功实践，又是通过这一平台推动全球城市分享、运用、转化发展成果，促进共同繁荣的重要举措。与此同时，广州作为主办方也有利于借助这一平台向国际社会展示自己充满活力、勇于创新、积极奋进的城市形象，扩大广州作为国家中心城市和国际大都市的辐射力和影响力。

当前，广州与国际组织交往形式逐步多样化，通过“走出去”和“请进来”，积极探索深度融入国际治理体系的路径。在“走出去”方面，广州积极发挥作为世界大都市协会的创始会员和世界城地组织联合主席城市的作用，主动参选世界城地组织主席团。持续加强与联合国国际劳工组织（ILO）、世界卫生组织（WHO）总部、倡导地区可持续发展国际理事会（ICLEI）、国际城市与区域规划师学会（ISOCARP）等国际知名专业机构合作。连续多年派出高规格代表团出席参与世界城地组织和世界大都市协会例行会议、C40城市气候领导联盟市长峰会、倡导地区可持续发展国际理事会、亚洲市长论坛等一系列国际组织的重要会议和重大活动，并主动策划谋求展示城市软实力的机会，增强中国城市参与全球治理的话语权。2020年，广州应邀出席联合国第75届大会边会——联合国粮农组织“绿色城市”线上会议，并作为中国城市的唯一代表发言，推介广州经济社会发展的创新实践。同年，世界银行正式选定广州作为“中国可持续发展城市降温项目”首个试点城市，为全球气候治理提供城市和地区经验，带头推动国际合作向着健康的方向发展。正是通过踊跃加入具有全球影响力的国际组织和国际活动，积极参与国际组织规则制定等方式，广州积极为中国

① 姚宜：《广州城市国际化发展报告（2016）——新时期广州深化城市对外交往研究》，社会科学文献出版社2016年版，第201页。

城市在国际组织和国际交往活动中争取了更多国际话语权，也为国际社会贡献了更多中国经验、中国智慧。

在“请进来”方面，广州凭借高质量的工作能力、参与能力、传播能力、专业能力，吸引越来越多国际重要论坛、会议来穗举办。近年来，在穗举办国际会议和活动的数量、规格和规模日益持续攀升。《财富》全球论坛、中国广州国际投资年会、世界航线发展大会、世界港口大会、全球治理高层政策论坛等国际重大智库论坛和会议纷纷来穗举办，呈现出规格高、层次高、专业性强、影响力大的特点。

2020年，广州先后举办了世界城地组织2020年广州世界理事会会议和世界大都市协会广州特别全体大会。其中，世界城地组织2020年广州世界理事会会议共吸引了来自全球48个国家189个城市、地方政府和国际组织共约350名代表出席了本次大会，实现国内城市担任国际城市和地方政府间合作组织主要负责城市的新突破。

除此以外，2020年“读懂中国”国际会议、《财富》国际头脑风暴科技大会等重大国际会议永久落户广州。2021年，世界大都市协会层次最高、意义最重大的国际会议平台——全球市长论坛暨世界大都市协会第十三届世界大会首次选址中国，在广州举办，吸引了120多个城市的800余名中外嘉宾参会。这充分说明，广州在国际舞台上的主场作用越来越明显、优势也越来越大。

第三章

加强历史文化保护

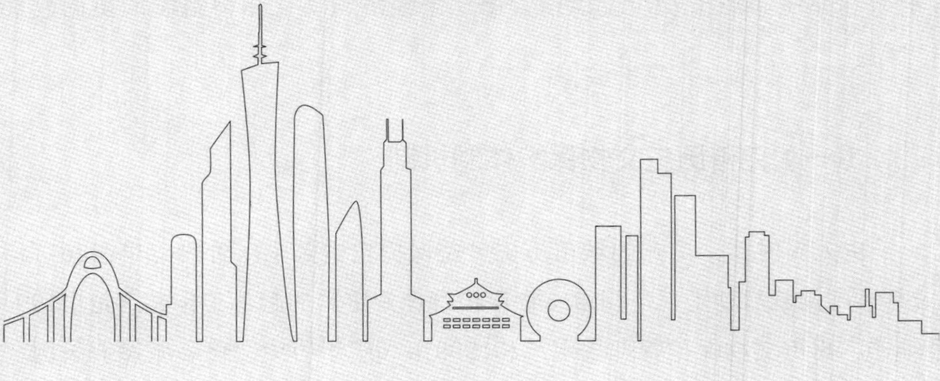

历史文化是城市的灵魂，也是城市文化发展的根脉所在。保护好城市的历史文化，才能延续城市历史文脉，凸显城市的文化底蕴、特色和优势。党的十八大以来，广州深入学习贯彻习近平总书记关于加强城市历史文化遗产保护的重要论述精神，认真落实国务院颁布的《历史文化名城名镇名村保护条例》和中共中央办公厅、国务院办公厅印发的《关于在城乡建设中加强历史文化保护传承的意见》，把加强历史文化遗产保护作为推进文化强市建设的重要内容纳入城市规划总体布局，着力让城市留下记忆，让人们记住乡愁。

一、保护城市历史风貌

城市文化遗产是一座城市在历史发展过程中留下的重要财富，是城市文化表征、文化性格和文化精神的直观体现，对展现历史文化内涵、凝聚人群认同感、归属感具有重要作用。如何通过发掘历史建筑的现代性意义，更好地保护历史建筑、传承城市文脉以适应现代化城市发展，成为新型城市化建设中亟须破局的问题。进入新时代，为了有效解决城市更新与历史文化遗产保护之间存在的突出矛盾，广州从增强城市文化功能的总体要求和系统布局出发，逐步探索出一条经济与文化相得益彰的协同发展之路。

（一）完善历史文物保护体制机制

进入新时代，广州的城市历史风貌保护也进入了新阶段。早在2011年7月，广州就启动了《广州市文物保护管理规定》的起草工作。这是自1994年《广州市文物保护管理规定》和1999年《广州历史文化名城保护条例》公布施行以来，广州时隔十余年再次就文化遗产保护工作启动立法程序。

2012年9月，广州发布《中共广州市委、广州市人民政府关于培育世界文化名城的实施意见》，明确将“文化遗产传承工作”作为广州打造世界文化名城的“四大工程”之一。强调广州要深入挖掘和全面整合历史文化资源，重点抓好“千年商都”历史文化遗产的保护利用，实施古城风貌恢复计划，加强对全市48片历史文化街区的保护，重点加强对古城区范围内的古城轮廓、建筑高度、城市传统中轴线、传统街巷、骑楼街、历史水系、道路交通系统、文物古迹及历史建筑、绿化风貌与开放空间等的保护控制与恢复重建。加强“五名”（名地、名街、名镇、名村、名居）的保护建设，推动古城历史文化遗产的保护。规划复建具有岭南风情人文景观的传统商业街区。在城市更新改造中，将对史迹、遗迹、遗址、文物和景观等文化遗产的保护放在首位，制定实施保护规划，确保城市历史文脉的延续传承。

2013年5月1日，《广州市文物保护规定》作为推动古城风貌保护与恢复的重要文件正式施行。新的《广州市文物保护规定》是在1994年的《广州市文物保护管理规定》基础上修订而来的。在文化保护方面，根据广州市情实际，制定了更具体化、更具有可操作性的规定。譬如根据广州市新、旧城区的文物资源储备情况和发展境况，明确了在1994年《广州市文物保护管理规定》中所强调的“大型建设项目”在不同行政区之间的具体标准，并在文物保护专项资金和基金设置、文物考古的具体程序等方面都进行了创设性的规定。这一规定的出台说明了广州文物保护的法治建设迈出了突破性的一步。

2013年9月，广州市启动了第五次文化遗产普查，这是广州在全市第四次文物普查和第三次全国文物普查的基础上，开展的一次涵盖不可移动文物、可移动文物、历史建筑、传统风貌建筑、古树名木的全面调查。通过本次普查工作，广州共筛选出不可移动文物线索67处，历史建筑线索792处，传统风貌建筑线索3087处；非物质文化遗产确认有效的普查线索868条，重点线索139条；在全国文物数据统一平台登录可移动文物17.6万件（套）。基本摸清了广州文化遗产种类、数量、分布区域、场所环境和保护现状[①]。

2013年11月，广州通过了《广州市历史建筑和历史风貌区保护办法》，明确了文化遗产普查、房屋征收前调查、整体征收（改造）、预先保护等一系列制度。其中，针对在城市化过程中历史建筑被破坏的情况，广州遵循的是“保护在先，标准从宽”的原则，强调只要是建成30年以上，且能够反映广州历史文化和民俗传统具有特定时代特点和地域特色的作品，具有代表性、标志性建筑或者著名建筑师的代表作品，以及与重要政治、经济、文化、军事等历史事件或者著名人物相关的建（构）筑物等，都可以确定为历史建筑。同时提出了凡是空间格局、景观形态、建筑样式等较完整地体现地方某一历史时期地域文化特点，具有一定规模，但尚未达到历史文化街区标准或者尚未公布为历史文化街区的区域，都可以认定为“历史风貌区”纳入保护范围[②]。

随后，广州密集出台了《广州市历史建筑和历史风貌区保护办法》《广州市国有建设用地供应前考古调查勘探程序暂行规定》《广州市文物保护专项资金管理办法》《广州市海上丝绸之路史迹保护规定》《广州市地下文物原址保护补偿办法》《广州市文物活化利用试行办法》等一批地方性法规和政府规章制度文件。

历史风貌保护的制度建设、法规建设日益完善，对广州市文化遗产保护事业起到重大的保障和促进作用。在新型城市化建设中形成对历史风貌“保护为主、抢救第一、合理利用、加强管理”的根本方针。构建起覆盖历史文化名城（镇、村）、不可移动文物和馆藏文物及博物馆的比较全面的地方文化遗产保护法规体系。

---

① 广州市文化广电新闻出版局：《广州市召开文化遗产普查工作总结大会》，广东省文化厅门户网站（现为广东省文化和旅游厅门户网站），2016年1月21日，http://whly.gd.gov.cn/news_newtpxw/content/post_2842805.html.

② 广州市人民政府：《广州市历史建筑和历史风貌区保护办法》，广州市人民政府门户网站，2013年12月24日，https://www.gz.gov.cn/zfjgzy/gzsrmzfbgt/zfxxgkml/bmwj/gz/content/post_4435000.html.

2014年11月11日，《广州历史文化名城保护规划》获广东省人民政府批准实施。《广州历史文化名城保护规划》系统建立了由市域历史文化遗产、历史城区、历史文化名镇名村、历史文化街区及历史风貌区、传统村落、不可移动文物、历史建筑和传统风貌建筑、非物质文化遗产保护相结合的名城保护体系，明确了广州市历史文化名城保护对象和保护措施，对于保护、传承、弘扬广州历史文化具有重要意义。

2014年，广州成为国内首个通过地方立法在市、区两级人民政府设立文物保护专项资金，落实政府的文物保护责任的城市。自2014年起，广州财政每年安排6000万元，作为广州文物保护专项资金。包括天河、番禺、黄埔在内的各区也相继安排落实相应的文物保护专项资金。更具突破性的是，文物保护专项资金还覆盖到非国有不可移动文物的修缮保护，并进行常态化补助。截至2021年，仅广州市级财政已累计安排落实3.3亿元文物保护专项资金，补助近800个文物保护修缮、保养项目。[①]广州对非国有不可移动文物修缮保护的系统性、制度化补助机制，在全国独树一帜。

在资金配套的同时，为了缓解文物保护进度与城市建设进程之间存在的矛盾，广州在全国率先创新机制，遵循“先考古、后出让”的原则制定文物考古工作机制，按照2013年施行的《广州市文物保护规定》，创新提出“地下文物埋藏区”这一重要考古范畴，明确在地下文物埋藏区进行工程建设或者在地下文物埋藏区以外进行大型工程建设时，若该地块属于出让国有建设用地使用权的，在出让该地块前，应当进行考古调查、勘探；属于划拨国有建设用地使用权的，应当在工程项目建议书或者可行性研究阶段进行考古调查、勘探。其中，属于出让国有建设用地使用权的，以及在考古调查、勘探和发掘发现文物，需要实施原址保护的，考古调查、勘探费用由市人民政府承担，从而在全国创新设立了考古调查、勘探工作前置制度。2015年，广州专门制定了《广州市国有建设用地供应前考古调

① 卜松竹：《建章立制　集思广益让“历史文化名城”名声更响亮》，《广州日报》2022年1月7日。

查勘探程序暂行规定》，进一步对包括政府储备用地、非政府储备用地等各类建设用地考古、勘探相关工作进行细化指引。“广州模式”得到国家文物局的认可并向全国推介。仅“十三五”期间，广州市区在土地收储和各项城市建设工程前开展考古的项目达到1479宗，年均近300宗。完成考古调查项目929宗，调查面积约202.26平方千米；出土各类文物13016件（套），以及数以万计的文物标本。

除此之外，广州还建立和完善文物保护监督的“人防”模式。对于广州城区中分布广泛、类型多样的巨量历史文物资源，广州制定了灵活、精细的策略以进行日常维护和长远规划。从2014年开始，广州就开始探索建立和完善文物保护监督员队伍。一方面，出台《广州市文化广电新闻出版局关于做好文物保护监督员招募及管理工作的意见》作为指导意见；另一方面，从市、区级文物保护专项经费中，每年安排近1000万元用于补贴聘请文物保护监督员。通过不断完善文物保护监督员队伍，广州基本建成了覆盖“市—区—街（镇）—村”的四级文物安全监管体系，形成了一支专兼结合、以兼为主的文物保护监督员队伍。截至2018年，广州共招募有文物保护监督员1000余名，以及时发现和查处文物违法案件，保障文物安全。同时，在全市文物安全检查、抽查工作中，广州市、区两级政府也相继引入社会化服务，加强文物安全监管，将工作重点从事后处罚转移到事前防范上来，极大地改善了广州历史文物的安全环境。

（二）加大不可移动文物修缮保护

广州历史建筑类型丰富，涵盖了近代重要史迹及代表性建筑，建筑风格各异，体现了广州中西合璧文化多元的特色，时间跨度从清末以前到改革开放共200余年，从社会历史、艺术科技、宗教文化、自然景观等方面展示了广州作为历史文化名城的独特内涵。党的十八大以来，广州通过在历史建筑的认定、保护、活化利用和评估等方面的探索，不断丰富“广州经验”，为其他城市的历史建筑保护利用工作提供借鉴。

自2015年起，广州规划管理部门通过购买第三方服务的方式，主动引入修缮技术服务，成功探索出基于“一户一议”原则的历史建筑修缮技术咨询服务。通过由专业技术队伍针对修缮技术和行政流程等方面为历史建筑保护责任人提供技术支持与引导建议，共同探讨个性化、具体化的修缮方案，针对每一栋历史建筑的日常维护、修缮等活动，依据保护利用规划，结合建筑实际情况和保护责任，为责任人提供包括咨询服务申请、咨询服务意见、立案申请、咨询服务阶段的技术和材料审查等服务，破解了保护责任人“有规划，不会用”的难题，成为保护利用规划服务链条不断往前延伸的落脚点。

2016年，广州在全国率先编制推出《广州市第一批历史建筑保护利用规划》。该规划包括规划文本、398处历史建筑的保护图册两大部分。对第一批历史建筑，根据历史建筑的价值、特色及完好程度，分两类保护：一类是主要立面、主体结构、特色装饰、历史环境要素基本不得改变；二类是体现历史风貌特色的部位、材料、构造、装饰不得改变。作为全国首个地方性历史建筑保护利用规划，在国家和地方均未出台相关规划的技术标准和框架性编制指引的背景下，广州的历史建筑保护利用规划探索以“价值保护、减少干预、促进活化”为原则，通过精细化、清单化的指引，将保护要素精准到建筑部位，充分考虑对后期活化利用空间的激活。将历史建筑的保护管控要求法定化、具体化，确保在短时间内及时为各批次历史建筑保护名录的陆续公布提供规划保障。

（三）开展专题文物史迹活化利用

首先，积极推动海上丝绸之路申遗工作。广州作为海上丝绸之路上的重要港口和商业都会，贯穿于广州发展史的千年海上贸易为这座城市留下了大量起始年代早、时代跨度大、类型丰富的珍贵历史文化遗产。广州现存有以南越国宫署遗址、南越王墓、光孝寺、南海神庙、怀圣寺与光塔和清真先贤古墓为代表的古代海上丝绸之路史迹，涵盖秦汉、唐宋和明清时期，涉及祭海和港口码头遗迹、宗教文化史迹等不同类型。积极推动海上丝绸之路申遗工作，是广州有效保护海丝文物史迹，弘扬地域文化的重要举措。

2012年，广州完成了《广州海上丝绸之路文化遗产保护管理总体规划纲要》并连同海上丝绸之路史迹联合申遗文本一同上报国家文物局。同年10月，国家文物局将广州、泉州、宁波等9个城市的海上丝绸之路（中国段）列入《中国世界文化遗产预备名单》，并确定南越国宫署遗址、南越王墓、光孝寺、怀圣寺与光塔、清真先贤古墓、南海神庙及明清码头遗址6处史迹申报点入选。2013年12月，广州市人民政府常务会议审议通过《关于广州海上丝绸之路史迹申报世界文化遗产工作方案》，成立了广州海上丝绸之路史迹申报世界文化遗产工作小组，工作小组迅速启动对海上丝绸之路史迹申报点的专项保护规划编制工作。

2014年开始，中共广州市委、广州市人民政府启动新一阶段的海上丝绸之路广州史迹保护和申报世界文化遗产工作。广州制定的《广州市海上丝绸之路史迹保护规定》于2015年正式实施，通过编制史迹保护名录，明确了6个海上丝绸之路史迹点，一方面给予重点保护，另一方面也向公众全面开放。同时考虑到史迹点存在增加的情况，还明确了保护名录调整的程序。同年，广州成立海上丝绸之路史迹保护和申报世界文化遗产工作领导小组，印发《广州海上丝绸之路史迹保护和申报世界文化遗产实施方案》，对“海上丝绸之路”申遗工作进行全面部署。

2017年4月，国家文物局在广州召开海上丝绸之路保护和申遗工作会议。在此次会议上，广州被推举为“海上丝绸之路”申遗牵头城市。随后广州承担起组建“海上丝绸之路”保护和联合申遗城市联盟的重要职责。牵头组织召开了海上丝绸之路保护和联合申遗城市联盟第一次联席会议预备会议，先后出台了包括《广州市关于海上丝绸之路史迹保护和联合申报世界文化遗产工作方案》《海上丝绸之路保护和联合申遗三年行动计划（2019—2021）》《2020年海丝保护和联合申遗工作方案》一系列重要工作方案。协同开展联合申遗相关工作，得到各兄弟城市的积极响应。以申遗促进城市文化保护，以城市文化保护助力申遗，是广州对海丝文物史迹活化利用的重要方式。以此为基础，广州不仅妥善保护了历史文化遗产的本体，更增强了公众的保护自觉，延续了广州的古城风貌和历史文脉。

其次，对红色文化进行保护与活化。作为中国近代革命策源地的广州，拥有丰富的红色文化遗产储备，保护与活化广州的红色文化史迹，既有利于焕发广州红色文化的新风采，推动红色文旅发展，更有利于加强公民红色教育，增强共产党人的理想信念。广州提出“革命策源英雄城”的保护主题，并将越秀南先烈路革命史迹主题区域纳入全市“一山一江一城八个主题区域”整体保护的空间战略，列入重点保护范畴。2015年，广州组织编制了《广州市抗战史迹保护与利用纲要》和《广州市红色史迹田野调研报告》，对当时全市194处抗战文物进行了现场调查、制定了红色史迹的保护纲要、利用规划和管理措施。2016年开始，广州财政共计拨款超过4400万元，用于包括中共三大会址纪念馆、毛泽东同志主办农民运动讲习所旧址纪念馆、周总理视察岑村纪念旧址等重要红色革命遗址的改造、修缮和文物征集。2018年，广州根据《广东省红色革命遗址保护利用行动方案》《广东省红色旅游发展实施方案（2018—2021年）》指导，制定出台了《关于进一步加强红色革命遗址保护利用工作的若干措施》《广州市红色文化旅游发展分工方案》等一系列规划方案，建立红色革命遗址文物记录电子档案，组织发布了全市首批《广州市红色史迹（不可移动文物）名录》，编制完成《广州近现代革命史迹文物保护规划》。广州在全国红色文化保育和红色文旅领域的突出地位逐渐彰显。

2019年以来，广州先后出台了《广州市红色文化传承弘扬示范区（越秀片区）发展规划（2019—2025年）》[①]《广州市红色文化传承弘扬示范区发展规划（2021—2025年）》两份重要规划。提出广州将强化整体规划保护、整体资源利用、整体策划宣传，围绕红色文化地标、擦亮红色广州品

① 广州市发展和改革委员会：《广州市红色文化传承弘扬示范区（越秀片区）发展规划（2019—2025年）》，广州市人民政府门户网站，2019年12月20日，https://www.gz.gov.cn/zwgk/ghjh/zxgh/content/post_5657207.html.

牌、深化红色文化教育宣传、打响广州红色之旅名片、实施“红色+”战略重点任务，以构建“一核六片四廊”[①]红色文化发展格局为抓手，推动实现广州红色文化品牌效应跻身全国前列。通过积极打造红色文化地标和特色片区，推出红色经典景区和精品线路等形式，不断擦亮红色广州的名片。同时，不断对重要红色地标进行打造，通过实施中共三大会址纪念馆改扩建工程，推进农讲所周边片区品质提升，推动中共广东区委旧址、广东省农民协会旧址入选全国重点文物保护单位等一系列举措，广州的红色史迹保护工作趋于成熟，具有重大历史意义和重要现实价值的红色史迹得到了充分保护[②]。广州红色资源保护的顶层设计日益完善、力度持续加大、成效逐渐显著。

二、推动非遗传承创新发展

非物质文化遗产作为历史文化遗产的重要组成部分，主要是世代相传的生存理念、文明智慧与独特技艺。非物质文化遗产的传承表征着一个国家、一个民族漫长的文化积淀和发展历程，在文明演进的过程中具有独特的、不可取代的特点。广州作为一座具有2200多年历史的文化名城，储备有丰富的非遗资源。进入新时代，广州高度重视对非物质文化遗产的传承和创新，不断推动古老的非遗文化融入现代城市生活，让历史文化名城的底蕴更加深厚、跨时代的文化流传更加多姿多彩、个性化的文化意韵更加

---

① “一核六片四廊”：“一核”指越秀核心片区；“六片”指黄埔军事文化展示片区、花都农民运动文化展示片区、西部工人运动史展示片区、东北部红色镇村建设示范片区、新中轴线改革开放文化展示区和南部新时代发展成就展示片区；“四廊”指建设东、西、南、北四条发展廊。

② 黄滢：《红色历史遗迹的保护和开发刍议——以广州市为例》，《世纪桥》2018年第12期。

值得品味。

（一）强化制度体系建设

非物质文化遗产的保护和传承主要是通过具体的传承人来实现的，如果传承人没有了，遗产就自然消失了。为了能够让非物质文化遗产焕发新的活力，让它真正鲜活起来，重新复归到文化场域当中，就需要有制度性的体制机制来维护。随着《中华人民共和国非物质文化遗产法》正式实施，加强非物质文化遗产保护工作有了具体的法治保障，也掀开了我国非物质文化遗产保护事业的新篇章。法律规定："国家对非物质文化遗产采取认定、记录、建档等措施予以保存，对体现中华民族优秀传统文化，具有历史、文学、艺术、科学价值的非物质文化遗产采取传承、传播等措施予以保护""保护非物质文化遗产，应当注重其真实性、整体性和传承性，有利于增强中华民族的文化认同，有利于维护国家统一和民族团结，有利于促进社会和谐和可持续发展。"法律还规定："县级以上人民政府应当将非物质文化遗产保护、保存工作纳入本级国民经济和社会发展规划，并将保护、保存经费列入本级财政预算""国家扶持民族地区、边远地区、贫困地区的非物质文化遗产保护、保存工作。"这些规定，让非物质文化遗产保护和传承进入了有法可依的新阶段。

在国务院公布的第三批国家级非物质文化遗产名录当中，广州申报的粤曲、木偶戏、七夕节（天河乞巧习俗）、波罗诞4个项目成功登榜。其中七夕节（天河乞巧习俗）和波罗诞成功申报为民俗类非遗项目，实现了广州国家级非遗项目民俗类别零的突破。为了有效推动非物质文化遗产保护和传承，广州先后出台了《广州市保护非物质文化遗产弘扬岭南文化工作方案》《广州市培养非物质文化遗产保护人才工作方案》《广州市建设非物质文化遗产工作站方案（2018—2020）》《广州市非物质文化遗产保护办法》《广州市发展振兴非物质文化遗产三年行动方案（2020—2022年）》《广州市市级非物质文化遗产代表性传承人认定和管理办法》等一系列政策文件，为全面提升广州非遗保护传承工作提供了制度性支持。

譬如在2015年出台的《广州市保护非物质文化遗产弘扬岭南文化工作方案》中，就通过设立非遗专项经费，提高传承人补助，对广州市非遗代表性传承人的资金补贴由原来的每年3000元/人提高到1万元/人，并鼓励各区设立非物质文化遗产保护专项资金。同时规定在新建的广州市文化馆预留一定的面积，建立集中的非物质文化遗产展示馆，用于全市非遗项目的集中展示，并设立一批非遗工作站、非遗传承人工作室，进一步强化非遗项目的保护与发展。

经过多年的努力探索，广州现已形成政府主导主办、民众积极参与的双向良性互动模式。一方面，中共广州市委、广州市人民政府通过政策创新推动非遗保护工作和“非遗+”工作齐头并进。另一方面，鼓励和支持市民参与，通过惠及市民的非遗活动，积极向市民传播非遗文化等形式，引导更多市民主动参与非遗传承发展，把非遗保护之路越走越宽。截至2021年，已有人类非遗代表作2项，国家级非遗代表性项目17项，省级非遗代表性项目81项，市级非遗代表性项目116项；现有国家级非遗代表性传承人12名，省级非遗代表性传承人79名，市级非遗代表性传承人208名（均不含已去世人数），各项排名均位居全省前列。[①]数据表明，广州非遗保护的成效十分显著。

（二）重视非遗保护研究

首先，启动《广州市非物质文化遗产志》编纂工作。广州通过引入专家修志机制来提升编撰质量，邀请包括学界专家、非遗传承人等全面参与资料收集、初稿编写、评审议定。《广州非物质文化遗产志》于2016年正式完成编撰，这是全国第一部非物质文化遗产专志。全志达193万字，记述了2013年前广州被列入联合国、国家级、省级、市级非物质文化遗产名录

① 卜松竹：《广州非遗：道路越走越宽》，《广州日报》2021年1月13日。

的77个项目，内容丰富，形式多样、特点突出，是全国第一部记述非物质文化遗产及其保护工作的专志。

其次，积极运用数字化手段保护与保存非遗图文影像资料。2013年广州启动了非遗代表性传承人“口述史”资料片的拍摄工作，在非遗传承人开展非遗工作时录制非遗技艺，通过口述史形式讲述非遗故事，抢救性地记录下广州市非遗的宝贵资料，仅2013年一年就抢救性地完成了7位国家级非遗传承人的口述史。2015年开始，广州市的非遗资料片工作被纳入常态化年度专项工作规划，经过数年发展，记录留存下了大量包括文字记录，专题片在内的宝贵非遗资料，成为广州市非遗传承的品牌工作。

再次，出版综合性研究报告。2016年，广州推出全国首部地市级非遗蓝皮书——《广州非遗蓝皮书（2015）》，将专家学者所做的实地调研、深度访谈、比较研究、图表分析等，汇集成兼具客观性与前瞻性的综合研究报告。

此外，成立学术研究机构。2020年11月，由文化和旅游部恭王府博物馆与广州市文化广电旅游局合作共建的“国家非物质文化遗产展览展示研究中心（华南展示基地）”和“中国传统工艺振兴计划（广州）协同创新中心”成立仪式在广州举行。两个国字号非遗中心的学术科研机构落户广州，进一步推动了广州非遗研究工作迈上新台阶。

（三）活化非遗文化资源

近年来，广州不断探索非遗的传承与创新，在活化和融入现代生活上开启一系列的跨界融合，积极探索“非遗+”的文化新业态。在构建“非遗+文旅”新业态方面，广州围绕非遗资源活化，积极探索非遗与旅游融合发展。从早期将非遗融入地方重大节庆活动，到设计专门非遗旅游线路，最终形成国家级非遗主题旅游品牌线路。在“非遗+文旅”模式的早期阶段，主要是依托举办具有地方特色的民俗文化节庆活动促进非遗节庆游。经过数年发展，广州开始有意识地推动非民俗活动类的非遗融入旅游场景当中。如今，在广州的各大节庆活动中，都常态性地设立了有非遗项目的现场展示，积极推动非遗大师、非遗展入驻非遗民俗节庆活动，使单一的非遗文旅品牌活动能够叠加更丰富的地方非遗文化要素。譬如在广府庙会、天河乞巧节、黄埔波罗诞庙会等广州本地知名的节庆活动中，都会常态化邀请非遗项目及其代表性传承人参展，使其逐渐发展为非遗文化展示的关键节点和事件热点，并在此基础上，进一步串点成线。

2017年，广州发布《广州市人民政府关于进一步加快旅游业发展的意见》，明确要“注重人文资源保育和活化，打造专题博物馆、艺术馆、名人故居和非遗文化传承保护旅游产品线路”。同年，地铁非遗游、沙湾古镇非遗游、西关非遗文青游、西关非遗亲子游四条非遗旅游线路成为广州首批推出的非遗旅游产品线路。至今，广州已经策划实施了超过10条非遗旅游线路，为游客提供“可观、可学、可游、可玩”的非遗体验新玩法，每场非遗体验游都爆满，深受市民喜爱。2020年，广州推出了全程4天的“广州老城新活力文化遗产深度游”线路，该线路成功入选广东省首批3条非遗主题旅游线路和全国首批12条非遗主题旅游线路，成为全省乃至全国非遗主题旅游线路的范本。通过非遗主题旅游线路的展示、推介，一方面可以为旅游业注入更加优质、更富吸引力的文化内容；另一方面又可以充分发挥旅游业的独特优势，为非遗保护传承和发展注入新的更大的内生动力。

在创新非遗传播上，广州积极探索将非遗与文艺创作、动漫、文创、时尚产业等领域进行跨界融合，通过“非遗+文化”产业的模式推动非遗传播出精品出爆款。2018年，广州历时多年打造出的粤剧纪录片《粤韵芬芳》正式上映。该片以粤剧的传承和传播为主题，以粤剧界的领军人物、“二度梅”获得者、国家级非遗代表性传承人欧凯明为主角，透过艺术故事讲述粤剧发展历史，呈现粤剧时代魅力，片中镜头全部源于对真实场景的捕捉。该片在中央电视台首映后，取得了较好的传播效果，引发各界关注。2021年，广州观众耳熟能详的“白蛇”故事与非物质文化遗产粤剧进行创新融合，拍摄了全国首部4K[①]全景声粤剧电影《白蛇传·情》，影片在电影技术运用和表现方式上都进行了革新，也进一步丰富了通过文艺作品展现广州非遗文化的实践路径。2021年，广州再次以国产动漫的形式推出电影《雄狮少年》。该电影以舞狮大赛为主线讲述了一群青年热爱醒狮，传承醒狮的故事。电影上映后，口碑及评分俱佳，成为近年来少有的高分国漫。除此之外，广州本土动漫企业也持续发力，先后推出包括《落凡尘》《凤凰与我》《狮子学狮》等以岭南非遗醒狮文化为题材的动漫作品，多次在国内外电影节获奖。

在打造非遗传承的品牌工程上，广州在不断丰富非遗传承基地的基础上，还积极打造"暑期青少年非遗传承班"品牌。自2009年广州创办第一期暑期青少年非遗传承班以来，参与单位、授课大师、培训人数、培训项目持续增多。2012年的非遗传承班，由市、区13个单位参与主办，共开设28个公益培训班，招生近1000人。培训内容包括广绣、广彩、珐琅、灰塑、乞巧工艺制作、剪纸、篆刻、粤剧、粤曲、粤语讲古、客家山歌、醒狮、麒麟舞、貔貅舞、传统武术、从化猫头狮等16个非遗项目。许炽光（广绣）、谢东笑（古琴）、张炽垣（麒麟舞）、颜志图（粤语讲古）、杨志峰（珐琅彩制作技艺）、邵成村（灰塑）等一批知名的大师，以及许多身怀绝技的民间老艺人、民间艺术家都参与了教学工作。2012年"非遗传承班"的参与单位之多、授课大师之多、培训人数之多、培训项目之多均为历年之最。暑期青少年非遗传承班已逐渐成为广州市公益培训新的品牌项目。经过数年发展，广州市在暑期青少年非遗传承班基础上，逐渐扩展出市、区两级共建，涵盖春季、秋季和暑假三个时间段的"非遗学堂"体系，在市、区"非遗学堂"项目中，均邀请非遗项目传承人担任培训班指导老师，形成了制度化运行机制、良好的教学模式和较固定的教学场所，对于非遗传承与传播来说，产生了良好的社会效应。

---

① 4K：指4K分辨率，即4096×2160的像素分辨率。属于超高清分辨率。在此分辨率下，观众将可以看清画面中的每一个细节，每一个特点。

三、历史文化街区保护与活化

广州作为历史悠久的岭南古邑，深厚的历史积淀和丰富的文化遗存贯穿这座城市的发展历程。在这里，既有代表商业繁华、店铺林立的骑楼街，也有体现岭南传统民居特色的西关大屋，还有中西文化在这里交汇的沙面建筑群，以及仿西洋古典式建筑的新河浦等。在城市建设和发展中，让这些传统历史街区在保护中活化是广州延续城市历史文脉的一项重要工程。进入新时代，广州以永庆坊、北京路为代表，不断探索以“绣花功夫”进行历史文化街区微改造的新模式和新路径。

（一）顶层设计先行保护城市肌理

2018年10月，习近平总书记在广州市荔湾区历史文化街区永庆坊考察时指出，城市规划和建设要高度重视历史文化保护，不急功近利，不大拆大建。要突出地方特色，注重人居环境改善，更多采用微改造这种“绣花”功夫，注重文明传承、文化延续，让城市留下记忆，让人们记住乡愁。[①]城市的历史建筑、街巷等历史遗存作为城市文化遗产的重要组成部分，是一座城市在历久弥新的发展历程中所积淀下来的丰富遗产，是城市文化的重要表征，也是城市文脉的物质性载体，对展示这座城市的历史文化脉络、内涵，吸引、凝聚、强化城市居民的认同感和归属感都具有重要作用。对这些历史建筑、街巷的保护、传承与活化境况，反映了人们对自身文化的自觉程度，也能够从侧面彰显人们对自身历史的自信程度。推进历史建筑、街巷与现代城市建设需求之间的融合，处理好历史街区保护与现代商业体开发之间的博弈，实现好历史文脉的现代性活化，传承城市文脉以适应现代化城市发展需要是重中之重。

① 《习近平在广东考察时强调：高举新时代改革开放旗帜把改革开放不断推向深入》，《人民日报》2018年10月26日。

其实，对历史文化街区的保护并非是今天才提出的。早在1982年颁布的《中华人民共和国文物保护法》中就已经提出了对历史文化名城的保护，并在随后的修订过程中，不断将历史文化街区、历史文化村镇也纳入保护范畴，形成了包括单体文物、历史地段、历史文化名城的多层次保护体系。广州，作为中国第一批国家级历史文化名城，有着深厚的城市文化厚度，在保护历史文化街区时，作出了诸多探索，包括根据广州市情设立历史风貌区，建立全国首个城市更新局，在历史文化街区微改造过程中引入BOT（建设-经营-转让）模式等做法，为全省乃至全国历史文化街区活化运用提供了大量建设性成果。

广州的历史文化街区活化在实践过程中必须要回应城市高速发展所引发的诸多需求。一方面，老城区建筑破旧，居民生活条件差与人们对高品质居住条件的期待之间存在矛盾；另一方面，城市建设中倾向于采取大规模拆除的“高效”模式与以改代拆逐案规划的“精细”模式之间存在矛盾，广州在经过了早年大规模的“三旧”改造之后，历史文化街区的保存情况亟待改善。老旧城区遭遇的“建设性破坏”引发了政府、媒体、市民、学者以高度的文化自觉，结合城市发展需要，逐渐探索出了历史文化街区保护的“微改造”模式，通过对具有历史价值的老旧建筑开展修旧如旧，功能焕新，既延续了历史文化遗产的生活性与参与性，又帮助人们更加真实全面地感知这座城市的文化。“微改造”模式下的历史街区保护，不同于以划定保护区或进行迁建来重现对历史街区进行整体性保护的模式。需要采用“微改造”模式的历史街区，一般都存在着需保护文化遗产与普通民宅共存的情况，两者互相依存亦互相钳制。因此，面对历史街区开展微改造就需要采取针对文化遗产的保护性修缮与针对普通民宅的功能性改建共同运作的模式，与此同时，还要充分结合街区发展需求，实现历史文化保护与街区活化的功能。正是其改造内容与实现目的上的复合性特征，也造成其在改造过程中面对着最多的挑战。为此，广州坚持从顶层设计上着手，通过从政策制定、规划编制、机构设置方面入手，努力探索保护和活化历史文化街区的新路径，开始了一轮又一轮的历史文化街区保护更新。

2014年2月，广州开始实行《广州市历史建筑和历史风貌区保护办法》。该办法确立了分层次、系统化的保护制度，创设了历史建筑预先保护等制度，建立了简洁、清晰的历史建筑确定程序，提出了历史建筑与历史风貌区保护的资金保障举措。2014年12月，《广州历史文化名城保护规划》经过广东省政府批准正式实施。按照该规划，广州将26个历史文化街区划入保护范围，制定差异化的保护规划。

为推进历史文化街区保护与活化整体对接城市更新改造工作，2015年广州成立了全国首个城市更新局。将原市“三旧”改造工作办公室的职责、政府有关部门关于统筹城乡人居环境改善的职责一并纳入。作为国内首个以城市更新为主要职责的政府职能部门，它的成立意味着广州将城市更新的内涵从“‘三旧’改造”转化到“城市有机更新”的新角度，探索从整体改造、局部改造、滚动改造和全面整治相结合的城市更新模式。同年，《广州市城市更新办法》与《广州市城市更新办法配套文件的通知》正式公布。《广州市城市更新办法》首次提出微改造的城市更新模式，并将其作为与全面改造并重的城市更新方式。从政策理念上，微改造强调以人为本，突出城市改造要以保障人的安全，通过局部的拆建、整治来消除城市安全隐患，同时强调对历史建筑的活化利用，通过保护和修缮文物古迹，延续历史文脉、保存城市记忆。在改造方式上，微改造采取以修缮为主的综合改造方式来实现城市产业功能升级、城市环境改善和经济效益提升。在改造范围上，不再采取成片改造的模式，而是根据差异化的区域特征，以单个村庄甚至单个小区开展多元目标导向的改造。广州创造性地提出“微改造”模式，呈现出城市更新的多样化思维，首先是由对量的追求转化为对质的追求，在“全面改造”模式中，以往更为重视对整片土地的大拆大建，而微改造则强调在提升建筑内部空间功能的情况下，保留其原有的多元化形态。其次是通过尽可能保留社区原有的形态，使得城市更新不需要依赖搬迁安置、重建社区的方式来完成，居民原有的社交关系不会受到破坏，从而也体现出城市更新进程中，对人的尊重。

2016年，广州将市文物管理委员会与市历史文化名城保护委员会合并，新设立广州市文物管理和历史文化名城保护委员会，并下设历史文化名城保护办公室和市文物管理办公室，主要负责研究和审议重大文化遗产保护项目。同年，广州发布《中共广州市委、广州市人民政府关于进一步加强城市规划建设管理工作的实施意见》和《广州市老旧小区微改造实施方案》两份文件，明确提出要“持续系统地推进差异化的城市更新”，对不同对象的改造方向提出了清晰指引。对于旧村更新，除重点功能区旧村采取全面改造为主以外，对非重点功能区旧村采取以微改造为主，城郊与生态保护区旧村以打造特色小镇为主，历史文化名镇名村注重保护与活化利用。对于老旧城区的更新则明确不再大拆大建，而改为循序渐进的修复、活化、培育社区为单位，通过补齐老旧城区在学校、医院、养老等公共配套设施的短板，构建15分钟社区步行生活圈，促进老城区生活质量与街区活力的提升。自此开始，广州的城市建设从路径选择上，更加重视服务于人居环境改善、历史文化保护和产业转型升级的目标。

（二）微改造焕新历史文化街区

根据广东省公布的历史文化街区名单，截至2021年广州共有26片历史文化街区，其中14片位于荔湾区，9片位于越秀区，3片位于海珠区，1片位于黄埔区（其中，人民南历史文化街区跨荔湾、越秀两个行政区）。这些历史文化街区主要集中在老城区当中。按照国家、省、市关于历史文化街区保护的相关规定，历史文化街区内的空间格局、整体风貌、不可移动文物、传统风貌建筑、古树名木、非物质文化遗产、名人事迹等物质性要素与非物质性要素均被纳入保护范围，以充分保护和延续街区传统格局和风貌，继承和弘扬民族与地方优秀的传统文化。为此，广州采取“量力而行、有序推进”的原则，编制了《广州市老旧小区更新改造五年行动计划（2016—2020年）》，在广州市越秀区、荔湾区内选择了部分具有代表性的小区开展老旧小区微改造试点工作。其中，以恩宁路永庆坊为试点所进行的城市历史文化街区微改造探索，对全市、全省乃至全国的城市更新工作，尤其是在历史文化街区的改造活化方面，产生了积极的引领和示范作用。

早在2006年恩宁路项目就被纳入旧城改造的工作规划当中。但在当时的历史条件下，恩宁路片区是作为“连片危破房改造项目”进行定位的。在随后的很长一段时间，恩宁路的改造方案经历了多次修改亦未能落地。直至2011年恩宁路旧城改造规划经过近一年的重新修订，将超过一百处特色建筑纳入保护范围并归入了荔枝湾二期整治工程后，才得以通过。2016年，荔湾区人民政府在对该区域开展微改造时，首次引入了BOT模式，政府负责编制项目规划并公开招标，中标方负责改造、建设和运营。这种“政府主导，企业承办，居民参与”的创新模式，在很大程度上确保了项目的高效运行。该项目的改造工程在同年9月就已基本完成并对外开放。与此同时，广州以微改造突破“三旧”改造攻坚期的方式也取得了不少成绩，面对拆迁成本高、项目审批难等问题，广州先后发布了《广州市老旧小区微改造实施方案》和《广州市人民政府关于提升城市更新水平促进节约集约用地的实施意见》等文件，通过成立广州城市更新基金，重点支持采取政府与社会资本合作模式（PPP模式）的老旧小区微改造、历史文化街区保护、公益性项目、土地整备等城市更新项目。这为广州微改造项目在项目审批与经费安排方面提供大力支持，经过2016年5个试点项目后，2017年广州启动了101个微改造类项目，占全市122个城市更新项目的82.78%，涉及用地765公顷。[①]广州的微改造经验也得到中央认可，2017年底，广州成为国家住房和城乡建设部首批设立开展老旧小区微改造试点城市中唯一的一线城市。

2018年，广州市人民政府将老旧小区微改造纳入十大民生实事任务，进一步将城市更新工作的重点力量集中于推进老旧小区微改造项目上，先

① 刘冠南：《广州明年启动222个城市更新项目，旧小区微改造力度加大》，《南方日报》2017年12月12日。

后发布《广州市2018年城市更新年度计划（第一批）》《广州市2018年城市更新年度计划（第二批）》《广州市老旧小区微改造三年（2018—2020）行动计划》。按照这三项计划设定，广州2018年将分两期启动老旧小区更新项目共587个，其中第一批165个，投入资金2.31亿元，占第一期城市更新项目投入资金总量的66%，第二期启动项目新增422个，投入资金12.5亿元，占当期城市更新项目资金总量的99%，并且计划在三年内推进779个老旧小区的微改造工作。[①]除政策与经费保障外，广州还出台了《广州市老旧小区微改造“三线”整治实施方案和技术指引（试行）》，以完善小区功能，改善人居环境为出发点，建立了老旧小区“三线”整治工作内容、流程和技术要求等配套政策指引。

2018年10月，习近平总书记考察广东时，专程前往广州市恩宁路永庆坊，在听取了广州市城市规划建设管理工作汇报后，习近平总书记给出“让城市留下记忆，让人们记住乡愁”的重要指示[②]。这既为广州在城市更新工作中探索“微改造”模式提供了理论遵循，同时也给广州在推动营造共建共治共享社会治理格局走在全国前列，进一步提高保障和改善民生水平提出了要求。

广州先试先行的“微改造”模式能够得到迅速发展，与其符合中国当前的城市发展规律，尤其是大型城市存量区域挖掘的阶段性需求密切相关。总体来看，我们的城镇化建设开始走向以人为本的发展目标，也就是城市发展要以实现持续性和宜居性为目标。经过近5年的先行先试，广州在将“微改造”模式运用到城市更新的实践中，逐渐探索出“共建共治共享”的新路径。

① 傅鹏：《12.5亿推进老旧小区改造！广州城市更新年度计划出炉！》，《南方日报》2018年5月29日。

② 张晓松：《时隔6年再赴广东，习近平总书记释放了哪些重要信号？》，中国青年网，2018年10月25日，http://news.youth.cn/sz/201810/t20181025_11764877.htm.

（三）城市更新模式不断出新出彩

思考城市发展的道路，就是要思考城市的未来，在反思实践行为效果的同时，还需要对城市更新的政策议题和过程不断进行审视。以恩宁路永庆坊为代表的广州历史文化街区微改造虽已成为用“绣花功夫”传承文明、延续文化的成功案例，也成为习近平新时代中国特色社会主义思想在广州实践创新的典型案例，但广州仍然在不断创新历史文化街区的保护与发展模式。

一是理念先行，以观念变革引领实践创新。在恩宁路永庆坊项目一期改造效应释放后，广州进一步拓宽思路，在老城区发展中坚持减量规划，强调采用修旧如旧的改造方式保护旧的街区肌理和传统骑楼街，恢复河涌，实现“红线避让紫线”。理念的转换带来了现实的效益提升。在实践中，历史街区微改造项目在强化街区风貌保护基础上，遵循“留人、留形、留神韵，见人、见物、见生活”的改造原则，取得了“环境提升、文脉传承、功能转变、老街新生”的明显成效，不仅较好地保留了街区记忆、延续了历史文脉，还有效地激活了老街区新活力，为社区居民带来实实在在的好处，提升了老百姓的幸福感和获得感，老旧城区的改造也得到了更多的支持。截至2020年，多宝街、逢源街宝源路片区及昌华街西关大屋片区微改造项目全部完成，珠江文化带西堤街区人居环境改善工程、沙面岛整治提升工程如期完工。逢源大街至荔湾湖段、上下九一第十甫段、华林寺片区、沙面及人民南路片区已经完成保护利用规划编制，从政府、企业到市民，对历史文化街区改造的价值和路径都已经形成了统一的认知，在推动城市发展的行动策略中体现出了对城市文化、城市历史的尊重，并直接反应在广州城市建设的政策制定和公众行动当中。

二是范式创新，以优秀传统文化的创造性转化、创新性发展焕发老旧城区新活力。党的十八大以来，习近平总书记在不同场合反复强调推动优秀传统文化创造性转化、创新性发展的重要性及实现路径。永庆坊微改造项目是广州在城市更新改造中贯彻落实习近平总书记重要讲话精神的具体举措。项目实施过程中，相关责任主体各方始终严格遵循“修旧如旧”的原则保留原有的街巷肌理，兼顾历史传承、岭南气候与现代化使用的特点，形成传统与现代共生的空间景观。在永庆坊二期、三期工程，泮塘五约微改造项目等后续开展的一系列历史文化街区改造项目中，也同样借鉴和延续了永庆坊一期建设中的成功做法并进行了再创新。其中，泮塘五约微改造项目入选广东省“三旧”改造优秀案例并被选取为广州市“城市客厅”的代表性考察点，入围WA中国建筑奖“城市贡献奖”，永庆坊、上下九商业步行街成功入选第二批广东省级示范特色步行街（商圈），沙面西堤获评国家AAA级旅游景区，聚龙村获评“中国传统村落”“广州市旅游文化特色村”。广州通过积极发掘历史文化街区中的优秀传统文化要素，通过接入旅游业、文创业等新兴业态，将更多人、财、业导入老城区，推动老城区进行功能转换和产业腾挪，实现老城区新迭代。

三是治理创新，探索适应历史文化街区微改造和共同治理之道。永庆坊微改造项目对公众参与高度重视，改造过程中对治理机制创新进行探索，创新了历史文化街区微改造和社区治理机制模式。2018年9月，永庆坊项目实现“市—区—社区”三级联动，成立了恩宁路历史文化街区共同缔造委员会，这是广州首个由公众参与历史街区保护利用的组织，成员包括政府部门工作人员、居民业主代表、商户代表、城市规划和文保专家、建设方代表，以及媒体代表等相关利益方。委员会就是一个平台，让居民、商户和建设者、设计者共同交流。通过这个平台，各相关利益方参与项目建设，充分表达意见、平等商议，达成共识，协同推进城市更新。与此同时，该委员会还通过公众参与社区治理，形成共建共治共享的街区社会治理模式，不仅有效解决了改造过程中的矛盾，还让公众共同经历治理过程，体会到社区治理之难，共享治理成果。在此基础上，广州全力探索“全民参与、共同缔造”城市品质建设新模式，在全市推动“社区事·大师做”“社区事·街坊做”“社区事·专职做”行动。2022年，广州在全市推行社区设计师制度，将344名社区设计师和163名乡村规划师引入全市各街道的社区品质提升工程，通过组织社区设计师走进街道、社区、乡村，运用走访踏勘、组织社区活动、开展会议座谈等多种形式，通过生动易懂的语言，鼓励居民共同参与身边项目设计。同时，社区设计师根据设计理念，跟踪项目实施落地，确保项目品质。

广州的历史文化街区活化利用从问题丛生中起步，通过多年“磨针”，终成“绣花”功夫。广州走出了一条历史文化街区更新改造的创新发展之路，为其他的现代城市更新提供了诸多可供借鉴的做法，也为新时代攻坚克难、推动高质量发展提供了有益的启示。

四、传统村落的保护与利用

传统村落是具有较高的历史、文化、科学、艺术、社会、经济价值的村落。为了适应新时代中国社会主要矛盾的新变化和推动乡村文化振兴的要求，推动传统村落的保护与利用尤其重要。如何尊重乡村发展规律、推动乡村文化的传承创新是传统村落保护与更新需要面临的重大课题。广州积极探索保护与活化并重、“输血”与“造血”并举的发展路径，在村落风貌修复中注重人居环境改善，在民风民俗传承中引入文创文旅新业态，让传统村落不仅留住乡愁，更让传统村落绽放活力。

（一）广州传统村落的保护现状

广州的古村落一方面具有中国传统村落的一般面貌，村中普遍包含着各种祠堂、书院、戏台、庙宇牌坊，以及许多富有文化价值的匾额、石碑等；另一方面，广州的古村落又独具岭南文化特质，有依山傍水的青石板小路、灰瓦、镬耳屋山墙，加上龙船景、庙会、迎春花市等民俗活动，组成了广州传统村落的地方特色，让这些居于现代都市之中的村落具有了更高的历史保护与传承价值。

我国的村落保护工作一直存在着“历史文化名村”和“传统村落”两条路径。其中，历史文化名村的保护起步于2002年《中华人民共和国文物保护法》的颁布实施，《中华人民共和国文物保护法》第十四条第二款规定：“保存文物特别丰富并且具有重大历史价值或者革命纪念意义的城镇、街道、村庄，由省、自治区、直辖市人民政府核定公布为历史文化街区、村镇，并报国务院备案。”2003年开始，建设部和国家文物局就启动了中国历史文化名镇名村的名录编制工作，将保存文物特别丰富且具有重大历史价值或纪念意义的、能较完整地反映一些历史时期传统风貌和地方民族特色的镇和村纳入中国历史文化名镇名村名录当中。2008年，《历史文化名城名镇名村保护条例》正式颁布，对历史文化名城、名镇、名村的申报过程、保护规划、保护方法、保护的相关法规和相关政府及主要责任机构的法律责任等一系列内容作出了明确规定。截至2019年，中国历史文化名镇名村名录已经完成了7个批次的名录发布，广州市番禺区石楼镇大岭村、花都区炭步镇塱头村分别入选第三批（2007年）、第六批（2014年）国家级历史文化名村名录。

我国传统村落保护工作则始于2012年。在这一年，住房和城乡建设部牵头成立了传统村落专家指导委员会，会同文化部、国家文物局、财政部印发了《住房城乡建设部、文化部、国家文物局、财政部关于开展传统村落调查的通知》，在文件中首次明确了传统村落是指“形成较早，拥有较丰富的传统资源，具有一定历史、文化、科学、艺术、社会、经济价值，应予以保护的村落”[①]的范畴界定。在第一次传统村落调查完成后，四部门联合印发了《传统村落评价认定指标体系（试行）》，并在评审认定后正式发布了第一批中国传统村落名录。广州市番禺区石楼镇大岭村成为首批入选的国家级传统村落。2013年，《中共中央　国务院关于加快发展现代农业进一步增强农村发展

① 中华人民共和国住房和城乡建设部、中华人民共和国文化部、国家文物局等：《住房城乡建设部　文化部　国家文物局　财政部关于开展传统村落调查的通知》，中国政府网，2012年4月24日，http://www.gov.cn/zwgk/2012-04/24/content_2121340.htm.

活力的若干意见》首次在党和国家的重要文件中阐述“传统村落”的概念，明确提出要“制定专门规划，启动专项工程，加大力度保护有历史文化价值和民族、地域元素的传统村落和民居”[①]。截至2021年，相关部门已开展了五批次的中国传统村落评选，广州共有包括荔湾区的聚龙村，海珠区的小洲村、黄埔村，黄埔区的莲塘村、深井村，番禺区的大岭村、沙湾北村，花都区的塱头村、港头村，增城区的新围村、瓜岭村，从化区的钟楼村、钱岗村在内的13个传统村落入选。

2014年9月，广东省住房和城乡建设厅、省文化厅和省财政厅根据《住房城乡建设部　文化部　国家文物局　财政部关于切实加强中国传统村落保护的指导意见》有关要求，依据《住房城乡建设部等部门关于印发〈传统村落评价认定指标体系（试行）〉的通知》相关标准，对外公布了第一批189个省级传统村落名单，并要求各地级以上市加大工作力度，及时公布本级传统村落名单，督促列入各级名单的村落抓紧编制传统村落保护发展规划，积极探索开展保护性修复试点和加强宣传推介等。在首批公布的省级传统村落名单中，广州共有14个村落入选。同年，广东省也启动了省级层面关于古村落保护的规划编制工作。2015年4月，广东省住房和城乡建设厅、广东省文化厅联合发布了《广东省历史文化街区、名镇、名村认定办法》。相关政策制度的制定和工作开展，为广州古村落保护工作提供了科学的指引。

广州的传统村落认定工作是与广州建立历史名城保护体系齐头并进的。2014年，《广州市历史文化名城保护规划》获得广东省人民政府批复实施。按照规划，广州在历史文化名村和传统村落之外，还在历史文化名城保护体系中设立了“历史风貌区”这一与“历史文化街区”相对应，覆盖村落的保护对象，形成了“市域—历史城区—历史文化街区和历史风貌区—历史文化名镇名村和传统村落—不可移动文物和历史建筑—非物质文

① 《中共中央　国务院关于加快发展现代农业进一步增强农村发展活力的若干意见》，中国政府网，2013年1月31日，http://www.gov.cn/zhengce/2013-01/31/content_5408647.htm.

化遗产”六个层次的保护体系。同年，广州完成了需要编制村庄规划的867个行政村（5257个自然村）村庄规划方案，100%通过专家和职能部门联合审查，所有村庄规划均完成审批工作。广州村庄规划对于保护历史名村，引导村庄集约用地适度集聚，改善村民居住环境产生深远影响。截至2021年，全市已有7个名镇名村、30个传统村落已经进一步完成了保护性利用规划编制。

（二）传统村落保护利用的探索

广州传统村落分布广泛，若以行政界线和地理区位来看，在广州市首批进入国家级传统村落名录中的荔湾区聚龙村、海珠区小洲村，可以被视作位处主城区的村落。而首批进入国家级历史文化名村的番禺区大岭村和花都区塱头村则属于位处外围城区的村落。不同区位分布之间必然存在土地资源分布、历史文化遗产保护、区域发展定位等诸多方面的差异，因此，对以上两类传统村落的保护与开发模式进行梳理和经验总结，对加强广州市传统村落历史传承和功能活化具有重要意义。

1. 聚龙村的保护利用

位处荔湾区冲口街的聚龙村是广州市区现存规模最大、保存最完好的古民居建筑群，具有很高的历史文化价值。2013年，聚龙村被列入第二批中国传统村落名录，2014年《广州市历史文化名城规划》将其划定为广州历史风貌区。聚龙村周边存有大量的文物保护单位和历史建筑，经过近年来对历史建筑的活化利用，聚龙村已经形成了一定规模的文化创意产业集群。早在2006年，广州就启动以政企合作模式，按照统一规划、分期实施的方式来对聚龙村进行保护性开发，其中政府部门负责对聚龙村核心区建筑进行综合性改造，企业负责对整个聚龙村改造后的运营和管理。在2016年之前，对于聚龙村的保护性开发主要是采取点状模式运作。通过对村内留存的19间民居进行空间修复和功能腾挪来使其活化。其中，由5号民居（邝伍臣旧居）和12号民居组成的“源汀”可居住博物馆，采用民间传统家私修复保护与体验式民居相结合的方式，通过“博物馆+民宿+餐厅+艺术商店”的形式，建设出了一个传统古家具艺术品展示的艺术空间。10号民居，则被打造为具有岭南非遗文化特色的婚庆民俗体验空间“合和缘聚”，陈列了与岭南传统婚庆习俗相关的相关文字介绍和物件，通过大量婚庆用品来复原旧式的结婚礼仪供人体验，是一个弘扬广府传统婚庆礼俗的观赏和体验空间。3号民居则被改造为非遗美学展示空间“当下”，在其中设置非遗学习区、非遗展示区和交流区，持续举办非遗大师课和非遗体验活动。与此同时，聚龙村还积极打造具有本村历史文化的IP，推出以聚龙村历史文化为背景的邝氏师徒动漫IP，利用这一动漫IP推出了一系列具有地方特色的文创产品。为了进一步提升文化辐射力，聚龙村还和周边学校、文旅机构等合作，为爱好岭南文化、想要深入了解岭南文化的国内外友人提供游学参观、文化体验、古村活化游、定制主题游等服务。聚龙村通过打造出聚集了“传统文化、非遗艺术、特色民宿”的岭南文化与非遗传承文旅名片，逐渐成为岭南文化爱好者们互动和交流的平台。

2016年，荔湾区人民政府组织编制了《广州市冲口街聚龙村传统村落保护发展规划》，开始系统完善聚龙村周边基础设施和公共服务设施，以“绣花”功夫开展历史文物的修缮改造，推动文旅资源集聚融合，将保护与发挥历史文化价值相结合，为古建筑注入文创新内容，激发老村落新活力。2019年，《广州市岭南文化中心区（荔湾片区）发展规划（2019—2025年）》正式发布，对聚龙村文旅产业进行提质升级作出明确规划，提出要以聚龙村为核心，整合周边冲口涌、花城玻璃厂旧改项目、杏花社区、沙涌工业区、荔湾儿童公园等文商旅资源，分阶段改造为展现岭南古村、水乡、近现代工业等历史文化的文旅小镇，以创建文化特色村为基础，加快创建国家AAA或AAAA级景区。2020年7月，聚龙村被评为第二批广州市旅游文化特色村达标单位。

2. 大岭村的保护利用

在2007年被评为国家级历史文化名村、2012年被评为中国传统村落的大岭村则位处古村资源较为聚集的番禺区。大岭村内历史文化资源非常丰富，有19处不可移动文物，包括市级文物龙津桥、大魁阁塔；番禺区级文物两塘公祠、菩山第一泉等。还有历史建筑9处，历史建筑线索21处，传统风貌建筑线索91处。大岭村历史文化名村范围内保留有较多明、清、民国等不同时期的老建筑，主要以民居为主，共有112处。村内祠堂、民居、石桥、古塔、门楼、牌坊、麻石巷、蚝壳墙等古村风貌保留较为完善[①]。2013年，大岭村投入1300万元对全村进行保护性改造。2015年，编著出版了《省会海门，番禺名镇：石楼地区历史、社会与文化》等村史书籍画册，拍摄了《人文历史名村石楼镇大岭村》《记忆番禺·菩山之美》等专题纪录片，有意识地保存了大量有助于研究、传承传播大岭历史和文化的图文材料。除此之外，大岭村还积极改建村史馆、家风馆、农耕文化馆，组织开展文官文化、科举文化、农耕文化研讨会等文化活动，深度挖掘大岭村历史文化要素，将人文历史底蕴与村中历史悠久的古桥、古塔、古祠、古街等元素串联，进一步凝聚和弘扬古村的岭南特色，留住精神文脉，做好文化传承。

2017年，广州公布《中国历史文化名村广州市番禺区大岭村保护规划》，提出了对大岭村的保护内容、保护范围、保护要求、基础设施和公共服务设施完善建议，为大岭村的历史文化保护和古村发展制定了全面保护、原真保护、适度发展和最低干预四大原则。全面保护是指将文物、历史建筑及其线索、古街巷、古树名木还有非物质文化遗产全部纳入保护范畴。最低干预是指在工作推进上对局部地区采取小规模、分阶段和适时谨慎的渐进式保护开发，使村落不断保持活力的可持续发展模式。在经费保障上，市、镇、村三级持续投入专项经费对大岭村进行保护、活化。2021年4月，广州市发展和改革委员会发布了《广州市2021年重点建设项目计划》，大岭村更新改造被列入广州城市更新重点项目，按照该项目计划，在旧村微改造部分，要实施玉带河改造、停车场改造、绿化、游客中心、

① 王丽娟：《全域旅游背景下古村的文化传承与发展——以广州市番禺区大岭村为例》，《营销界》2020年第22期。

网红农产品交易中心、精品民宿、特色餐饮，及公共配套设施等工程。通过市、镇、村三级持续大力度对大岭村文脉进行保护，大岭村村民对古村的保护意识也不断增强，村里部分古屋业主在离村后，本人或其子孙都主动将房屋托管给村里，希望政府进行维修保护，使得有历史价值但破旧的房屋能够保留下来。而仍居住在村中的村民对自己的房屋进行维修时，也会主动向村委会报告，寻求改造建议，确保村居不会破坏古村风貌。广州坚持以“保护有力、发展有序”的工作思路指引大岭村传统村落文化保护活化，不仅使村落的整体村貌格局得以保护，更推动了村风民俗得以传承，国家级古村的风采更加彰显，也为大岭村的活化与发展提供了更多可持续发展的空间。

（三）传统村落保护利用的原则

推动传统村落保护与活化的过程，是一个不断探索传统村落保护与乡村振兴融合的过程。广州通过发掘整合古村历史文化、融合传承古村民俗，让传统村落的历史底蕴得以保存，再通过引入新兴文化业态来激活传统村落历史文化的当代价值，探索构建传统村落价值活态传承与保护振兴的共融共享共建机制，实现传统村落可持续发展和全面振兴。

一是遵循政府主导和多元主体参与相结合的原则。在传统村落的保护与活化过程中，必须要充分发挥政府在政策、规划制定，资源管理，工作协调方面的主导作用。同时也要积极吸引村民、企业等多元主体参与。通过吸引鼓励村民参与古村保护与活化的相关工作开展，有助于凝聚共识，缓解工作阻力，更有助于提高村民自觉保护本地文化资源的积极性，建设良好的村落文化氛围。于企业而言，广泛吸引与古村产业布局相匹配的企业参与古村改造，既能够使企业积极融入古村改造，帮助古村更合理布置村落空间布局，又能够拓宽古村改造的融资渠道，提升古村保护自身的造血机能，推动古村保护与利用的良性互动。

二是遵循文化保育与产业融合相结合的原则，转变传统村落改造开发的思维模式。传统村落的保护性开发要从文化保育与产业融合的新视角来设计和布局，不能将古村的文化保育目标简单停留在为观光旅游提供消费产品的层面来考虑，而是要立足于古村落与现代都市的文化融合来考虑传统村落文化独特的价值。其中，村落文化内涵的特色保育是重中之重，要在重视历史建筑的修缮和保护的基础上，深挖传统村落历史中的文化特色，从内容层面对古村落的文化形态进行补充和完善，推动古村的文化供给与现代社会的文化需求密切结合，通过彰显古村历史文化风貌中人与自然和谐相处的特质，使古村成为现代都市中能够寻求心灵休憩的文化空间。

三是遵循乡村发展与新农村建设相结合的原则。在传统村落的活化发展中，要注重对古村农业、工业、服务业的资源配比，持续推动新业态接入，通过对接文化旅游、健康休闲、文化鉴赏、创意设计、电子商务等一系列新兴产业的发展，推动传统古村的产业升级，不仅要吸引游客，更要吸引居民，让古村落的保育与发展具有可持续发展的内生性动力。

第四章

优化公共文化服务

党的十八大以来，随着中国特色社会主义进入新时代，中国特色社会主义文化建设也进入了快车道。特别是随着我国社会主要矛盾的转变和人民群众生活水平逐渐提高，人民群众对精神文化需求呈现多层次、多元化、多样性的特征，对公共文化服务提出了更高的要求和期待。广州坚持以习近平新时代中国特色社会主义思想为指导，在推动经济持续发展的同时，建设与广州经济社会发展水平、国家中心城市地位、文化强市目标、人民群众文化需求相匹配的现代公共文化服务体系，既增强城市文化综合实力，使老城市不断充满新活力，也为市民带来了优质的公共文化服务，满足了广大市民群众对美好生活的需求。

一、完善公共文化基础设施建设

改革开放以来，广州一直重视公共文化基础设施的建设，在经济发展取得巨大成就的基础上，持续投入大量资金和各类资源，先后建成广州图书馆新馆、广州大剧院、辛亥革命纪念馆等一批大中型文化场馆，升级改造了中共三大会址纪念馆、南越王博物院（含王墓和王宫两个院区）等一批公共文化基础设施。如今已拥有数量众多、设备先进、功能完备的文化馆、图书馆、博物馆等公共文化活动场馆，既为广大市民提供普惠化、专业化、品质化的文化服务，也成为城市的文化新地标，极大地彰显着广州作为国家中心城市的魅力。

（一）持续推进大型公共文化基础设施建设

党的十八大以来，广州在前期建设了一批大型文化场馆的基础上，继续推进大型公共文化基础设施建设，大力推进“图书馆之城”和“博物馆之城”建设。先后建成粤剧艺术博物馆、南汉二陵博物馆、广州市城市规划展览中心等一批重大文化基础设施，广东省“三馆合一”项目也在稳步推进中。最为突出的是广州又一次大手笔规划投资40多亿元在新中轴线南段海珠区内建设“四馆一园”，即广州博物馆新馆、广州美术馆、广州科学馆、广州文化馆和岭南文化大观园，这些新的文化设施都将被打造成世界一流的文化设施精品。广州美术馆、广州博物馆新馆、广州科学馆建成后，与周边的广州塔、领事馆区、赤岗塔等，及珠江对岸的花城广场四大文化建筑，以及海心沙、星海音乐厅、广东美术馆等，将形成文化设施的集聚区。这些大型文化设施项目的建设，极大地改变了大型文化设施建设欠账较多、规划建设步伐滞后的面貌，为提升广州公共文化服务的水平和质量奠定了更为厚实的基础。

“四馆一园”大型文化设施立项基本在2013年至2015年，至2022年大部分处于全面施工建设阶段。广州市文化馆新馆毗邻海珠湖，项目用地面积为16.75万平方米，总建筑面积为5.7万平方米，总投资达10亿元。设计主打岭南园林式的建筑风格，以“十里红云一湾水，八桥画舫十六亭”为设计主题，营造功能现代实用、传统建筑韵味浓厚的岭南文化大观园。该馆将很快投入使用，开馆之后将成为一个设施现代、功能齐备、极具岭南风格的公共文化服务新阵地，面向市民提供高水平公共文化培训、活动、展览的服务，展示非物质文化遗产保护成果，是一张颇具文化底蕴的城市名片。

广州美术馆计划建成国际化大型综合美术馆，以“水中盛放的英雄花”为主题，建筑主体就像一朵绽放在广州塔下的木棉花。广州美术馆项目占地面积约32600平方米，总建筑面积为79947平方米，总投资为18.2268亿元。广州科学馆是广州着力为市民打造的大型科普教育基地，将成为市民探索科学奥秘、体验科技乐趣的重要场所。根据规划，将以“世界一流、国内领先、广州特色”为总体目标，将划分为三大功能区域、多个主题展区，其中观众参观活动的公共区域将占六成，展品主攻互动性。

广州博物馆新馆选址在广州塔以南地块，位于新中轴线西侧，其规模：占地面积29525平方米，建筑面积58500平方米，预算总投资13.2亿元。该馆的建筑设计理念为“城市的观察者”，屋面设计为对外开放的“城市阳台”，项目当前仍处于设计阶段。该馆将建设成为展示广州悠久历史、深厚文化、精美文物、社会风貌的现代性综合博物馆，将改变广州博物馆旧馆（位于越秀山镇海楼内）展览面积狭小，陈列展览设备落后，社会教育场地不足等弱点，更好地发挥博物馆的文化教育职能，为人民群众提供高质量的文化服务。

国际大城市文化设施布局方式主要有两种：散落式布局和以城市中轴线为主线集聚。广州的“四馆一园”建设方案，正是体现了文化设施大集聚的特点，与前期已建成的大量公共文化基础设施形成了大分散、大集聚并存的格局，使城市的公共文化服务模式形成了既兼顾均衡又集中两种。

除了建设大型新的文化场馆之外，广州还对一些重要的文化场馆进行了升级改造，其中一个重要工程就是对中共三大会址纪念馆的改建扩建。中国共产党第三次全国代表大会在广州召开，这是中共建党初期的一次重要会议。中共三大会址纪念馆是广州的一个重要文化场馆，同时也是全国重点文物保护单位和爱国主义教育基地，对于传承红色文化、赓续红色革命精神，对广大人民群众进行革命传统教育，以及纪念中国共产党的光辉历程都具有重要意义。2021年，为了迎接中国共产党的百年华诞，广州对中共三大会址纪念馆进行了改扩建，建筑面积从818平方米增加至2305平方米，规模比之前扩大了两倍，能够翔实完整、鲜明生动展示中共三大波澜壮阔的辉煌历史。同时，接待参观服务能力可达到70万人次/年，成为重要的红色文化地标和深具标识性的城市文化符号。

广州不断深入挖掘利用红色革命资源建立公共文化场馆，使之成为爱国主义教育基地。1922年5月5日，在中国共产党的关怀和直接领导下，中国社会主义青年团第一次全国代表大会在广州东园召开，宣告中国社会主义青年团成立。1925年，中国社会主义青年团改名为中国共产主义青年团。在2022年5月中国共产主义青年团建立100周年之际，广州建成并对公众开放中国社会主义青年团第一次全国代表大会纪念馆。该纪念馆溯源中国共青团百年历史，展示了党亲手缔造青年团、指导青年团创建的历程，其中包括200余幅图片、70余件实物、6组雕塑、10余个历史视频，如实反映百年来共青团历史上的重大事件、重要人物和重要会议。该馆的建成开放，对教育广大青少年践行共青团初心使命，传承发扬共青团百年奋斗的光荣传统，对实现中华民族伟大复兴中国梦贡献青春与热血具有重大意义。

（二）“图书馆之城”建设渐入佳境

图书馆是政府向群众提供最基本的公共文化服务的场所之一。现代图书馆在人类文化遗产保存、开展社会教育、传递科学情报、开发智力资源等方面的社会功能越来越突出。图书馆的建设水平在一定程度上反映了一个城市的公共文化服务水平。党的十八大以来，广州的图书馆事业发展较快。2012年，广州提出要建设“图书馆之城”；2013年，广州图书馆新馆在城市新中轴线上的花城广场建起并对外开放，充分体现了广州在公共文化设施建设上的大手笔——该馆占地面积2.1万平方米，总建筑面积9.8万平方米，截至2019年底，广州图书馆实体馆藏资源总量达1026万册（件），无线网络覆盖全馆。继广州图书馆新馆建成投入使用之后，广州各区又陆续建成多个区级图书馆并投入使用。截至2020年底，广州共有市、区两级公共图书馆13座，其中市级图书馆2座，区级图书馆11座（馆舍18个），成为广州市公共图书馆服务体系的主体骨架，构建起市、区两级图书馆本馆、分馆、联合分馆、图书流通点、村级图书室、汽车图书馆相结合的公共阅读服务网络。

2015年5月1日，《广州市公共图书馆条例》正式实施，广州市文化广电新闻出版局为配合该条例实施起草了《广州市“图书馆之城”建设规划（2015—2020）》，加快了“图书馆之城”的建设速度。2015年6月1日，广州市少儿馆新馆建成并全面开放。到2016年底，市部分公共图书馆实施了通借通还，此后，其他更多公共图书馆也逐步加入通借通还体系。近年来，广州还加快了数字图书馆建设的速度。2016年4月，广州数字图书馆（www.gzlib.gov.cn，现网址为www.gzlib.org.cn）正式开通上线，分为

“资源”“服务”“活动”“互助”“专题”等多个板块，并提供社交版、移动版和多语言版等多个版本。14周岁以上的广州市户籍居民可以扫描二维码注册，随后即可享受海量的数字资源。另外，市民可以扫描“百听”二维码，免费获得听书体验币，感受多部经典作品的有声阅读演绎，满足市民不同形式的阅读体验。

借助建设“图书馆之城”的契机，广州计划逐步构建以“中心馆—总分馆”体系为核心，以村（社区）服务点、农家书屋、流动图书车、24小时自助图书馆和其他服务点为延伸的图书馆服务体系。2017年6月，广州市人民政府办公厅发布了《广州市文化广电新闻出版事业发展第十三个五年规划（2016—2020年）》，提出：将文化馆、图书馆、博物馆等公共文化服务设施建设纳入城市建设整体规划，按照“新建一批、提升一批、改造一批、下放一批”的总体部署统筹推进公共文化设施体系建设。按此规划，到2020年基本建成“图书馆之城”，实现广州每8万人拥有一座图书馆的目标。提出建设“图书馆之城”以来，广州市公共图书馆坚持政府主导、社会参与原则，与社会力量共建共享、融合发展，采取文教融合、文商融合、文企融合等方式，积极与书店、企业园区、咖啡店、公园、房地产商、教育机构等社会力量合建分馆。政府主导在“图书馆之城”建设中发挥了重要作用，2018年全市公共图书馆财政总投入为4.51亿元，与2014年相比增长了73.11%。其中，广州越秀区、黄埔区、番禺区、增城区公共图书馆总经费均超过2000万元，而增城区公共图书馆人均经费最高，为24.27元。

根据《广州市“图书馆之城”建设年度报告2019》，2015年以来，除新馆舍建设费用之外，全市投入公共图书馆的经费总额近21亿元；2019年全市在公共图书馆的经费投入包括文献信息资源购置等方面，达历年之最。全市公共图书馆总经费合计为49669.76万元，文献购置费合计为12497.26万元，同比分别增长10.12%、33.53%。2019年是《广州市公共图书馆条例》全面实施后的第4年，广州全市174个镇（街）中，有153个镇（街）拥有实现通借通还且向所有公众免费开放的公共图书馆（分馆）、服务点、自助图书馆，全市的公共图书馆覆盖率为87.93%，同比提高7.3个百分点。截至2019年底，广州共有实现通借通还的公共图书馆（分馆）、服务点、自助图书馆433个，其中面向所有公众免费开放的公共图书馆（分馆）有246个。2019年全市公共图书馆读者到馆人次合计为2940.84万，人均读者到馆人次合计为1.92，提前一年实现《关于全面推进我市公共图书馆总分馆制建设的实施意见》要求的2020年全市公共图书馆“人均访问图书馆次数达到1.8次”的目标。2019年广州市公共图书馆的人均外借文献量达到2.13册次，首次突破2册次。此外，少儿是公共图书馆的主要服务对象，2019年全市公共图书馆少儿图书外借量为2041.43万册次，占全市文献外借量的六成以上。[①]

到2020年底，广州共建成公共图书馆服务网点1699个，其中通借通还服务网点有566个，通借通还图书馆（分馆）有294个，全市平均约每5.2万人拥有一座图书馆，提前实现每8万人一座图书馆的“十三五”规划目标。[②]除了市、区两级图书馆之外，广州还有镇（街）级图书馆分馆201个，社区级分馆50个，社会力量参与建设的分馆达88个；全市公共图书馆馆藏总量为2925.00万册/件，累计注册读者量达396.79万人。“十三五”时期，广州市公共图书馆基础服务数据率先实现两个“1亿”的突破：接待读者1.01亿人次（相当于全市常住居民人均到馆6.60次），外借纸质图书1.34亿册次，举办读者活动58608场，参与读者达到4152.21万人次。广州图书馆连续6年、广州少年儿童图书馆连续4年主要服务指标居全国同类图书馆首位，跻身世界公共图书馆前列，花都、黄埔、越秀区图书馆获评全国“综合服务效能之星”。

（三）“博物馆之城”建设稳步推进

博物馆是人民群众接受历史文化教育、鉴赏历史文物、进行艺术审美

① 孙珺：《广州去年增55个公共图书馆》，《广州日报》2020年4月22日。

② 程景伟：《广州推动公共文化服务高质量发展：让城市留下记忆》，中国新闻网，2021年3月25日，https://www.chinanews.com.cn/sh/2021/03-25/9440476.shtml.

的重要场所，博物馆事业是公共文化服务的重要内容。对于城市而言，博物馆既是城市的标志，又是城市文化品位及档次的缩影。打造“博物馆之城”不仅能提升城市形象，还有助于提升当地市民的整体文化素质，从而促进城市经济社会发展；同时，博物馆已成为文化产业和旅游产业的一个组成部分，博物馆正在成为城市旅游业发展的重要文化资源和旅游休闲空间，对城市文化建设具有重大意义。

党的十八大以来，广州高度重视博物馆建设，2012年提出要建设“博物馆之城”。博物馆是传承历史文化，留住城市记忆的重要载体。广州的历史文化悠久，文物史迹史料丰富，“博物馆之城”建设十分必要。从现实来看，广州市建设“博物馆之城”也具备较好的基础。改革开放以来，广州一方面不断修缮广州博物馆、广州近代史博物馆、广东民间工艺博物馆（陈家祠）等一批老博物馆；另一方面陆续新建了西汉南越王博物馆、广州艺术博物院、南越王宫博物馆等一批新馆。除了建起一批市级博物馆之外，天河、越秀、荔湾、海珠、从化、增城区均建起了区级的博物馆，还有中国海关博物馆广州分馆、农民工博物馆、东平典当博物馆等一批主题型博物馆，基本上形成了市、区两级博物馆和主题博物馆组成的博物馆网络。与博物馆性质类似的还有纪念馆，也是公共文化服务的重要组成部分。纪念馆一般是为纪念重大历史事件与历史人物而设立的，是运用多种表现形式来展现历史文化内涵的一种文化设施。截至2021年底，广州已建起了一批纪念馆和民营博物馆，共同构建起广州市的博物馆网络体系。

2016年，建设“博物馆之城”的目标被列入《广州市文化广电新闻出版事业发展第十三个五年规划（2016—2020年）》。“十三五”期间，广州加快了“博物馆之城”的建设速度，投入20多亿元建设和改扩建一批博物馆，包括重点建设项目的广州博物馆新馆、广东民间工艺博物馆扩建工程、陈家祠岭南文化广场二期、南越王博物馆整治工程、中国粤剧艺术博物馆、南汉二陵博物馆、广州华侨博物馆、广州音乐博物馆、广州工业博物馆、广州海事博物馆、广州非物质文化遗产博览园、广州民俗博物馆、粤海关博物馆等重点文化设施项目，其中广州博物馆新馆规划建筑面积约58500平方米，预算投资总额达13.2亿元。截至2020年，广东民间工艺博物馆扩建工程、南越王博物馆整治工程已经完成；南汉二陵博物馆、粤剧艺术博物馆、十三行博物馆、广州海事博物馆、广州华侨博物馆也建成并向公众开放。2022年5月18日，矗立在广州白鹅潭畔的广州铁路博物馆建成并向公众开放。

在“博物馆之城”建设过程中，广州针对政府投资不足的情况，充分挖掘、利用民间的资源和力量，使博物馆建设走了市场化的路子，引导企业建设与其经营活动相关的博物馆。例如，利用多方力量筹资建成了邮政博览馆、货币金融博物馆、中国传统医药文化博物馆、陈李济中医药博物馆、广州丝织行会博物馆等各种专业博物馆。近年来，各级政府和社会组织也鼓励和帮助一些具有丰富收藏品的个人或民营机构建起一批小型的私人博物馆，或支持鼓励私人收藏品捐赠借用给公立博物馆展出。通过这些举措，推动了各类博物馆资源共享、功能互补、协调发展，极大地满足了群众学习、休闲、娱乐、鉴赏、审美等多方面的文化需求。今后，广州市博物馆的建设还需要继续挖掘、利用民间的资源和力量，以发展行业和民营博物馆为突破口，加快“博物馆之城”建设。

广州的“博物馆之城”建设，还注重以法律法规加以推进。2017年12月，广州率先在全国颁布《广州市博物馆规定》。这是全国性的《博物馆条例》颁布后，全国最早的地方性博物馆专项法规。之后又开展了《广州市博物馆规定》配套规范性文件的制定工作，包括博物馆发展扶持资金管理办法、博物馆藏品征集管理办法、鼓励学校利用博物馆资源开展教学活动的规范性文件。

到2020年底，广州拥有登记备案各类博物馆65家（其中国家一级博物馆5家，二级博物馆11家，三级博物馆7家，三级以上博物馆总数位居全国前列），还有46家以博物馆名义开放的场馆正在办理备案登记手续。2020年，广州共有8家博物馆跃升为国家级博物馆，其中广州艺术博物院更是成为全国唯一一家既是国家一级博物馆又是国家重点美术馆的“双料馆”。截至2021年底，广州基本形成了以一、二、三级博物馆和重点行业博物馆为支撑，国有博物馆为主体，非国有博物馆为补充的博物馆体系，拥有的各类博物馆数量已达到111家。[①]截至2020年，全市各博物馆总藏品数量为1386884件/套，其中文物数量总计163729件/套。每年入馆参观者达1376万，推出各类精品展览450个以上；策划教育项目1000件以上，实施教育活动约5000个。广州的博物馆基础设施日趋完善、场馆环境日益提升、无障碍服务设施持续改造、服务流程不断优化，极大地提升了服务水平。

为满足人民群众夜间游览博物馆的需求，2019年8月1日起，广州11家博物馆（纪念馆）实施夜间或延时开放，至2020年1月23日共接待参观者14.3万人次，组织活动163场次。2020年1月23日以后，因受新冠肺炎疫情影响，各博物馆不定时实施闭馆，但各博物馆积极开展线上活动，开通线上直播“云游博物馆”与观众展开互动，开设系列“云展厅”、“云课堂”、AR导赏，让观众可以足不出户实现异地参观。2020年国庆期间在疫情可控的情况下实施夜间开放或延时开放，吸引约2万名观众参观。孙中山大元帅府纪念馆的“帅府之夜”、广州博物馆的“镇海楼之夜”，已成为广州知名的“夜文化”品牌。据统计，2020年市属各博物馆共举办网上展览65个，网上参观量超过5000万人次，举办线上活动695场次，参与网友为63万余人次。[②]在2022年5月18日的国际博物馆日，南越王博物馆、广州博物馆、广东民间工艺博物馆、广州市文物考古研究院（南汉二陵博物馆）四馆联合发行数字文创“博物馆星球”，依托各馆独特的文物资源、丰富的文化内涵、设计沉浸式应用场景，用新科技、新形式展示了博物馆的数字化创新力量。

在加快博物馆建设的同时，广州的文化馆建设也全面推进，逐步形成了总馆—分馆协同运作的网络体系。各级文化馆积极组织开展群众文艺活

---

① 许青青：《广州各类博物馆数量已达到111家》，中国新闻网·广东，2021年11月18日，http://www.gd.chinanews.com.cn/2021/2021-11-18/417512.shtml.

② 卜松竹：《2025年，广州博物馆数量要“倍增”》，《广州日报》2021年5月18日。

动、公益文化培训、群众文艺创作、文化志愿服务、非遗保护与传承、数字文化馆建设等，各项工作成效显著。2020年，广州市、区文化馆馆舍建筑面积共计9.74万平方米，室外活动场地面积为7.12万平方米，文化馆活动厅室面积为6.83万平方米；广州市、区文化馆共有文化活动功能厅室298个，其中文化活动功能厅超过30个的有7个文化馆。

（四）区级公共文化基础设施建设各具特色

党的十八大以来，广州在公共文化基础设施建设上除了加快市一级的大型文化场馆建设之外，各区也规划建设了一批文化场馆，已建成的有海珠区的潘鹤雕塑艺术园、十香园纪念馆、增城大剧院、番禺星海文化功能区、花都文化艺术中心、黄埔文化中心等。

多年来，广州十分重视基层公共文化基础设施建设，逐步构建起基层公共文化服务网络，到2015年，各区已基本形成文化馆、图书馆、博物馆三馆齐全的格局，全市的图书馆、文化馆、文化站、文化室建设率达到100%，城市“10分钟文化圈”、农村“十里文化圈”和市、区、街（镇）、社区（村）四级公共文化服务网络基本建成，全国文化信息资源共享工程基层服务点100%全覆盖。其中，越秀区“中心城区公共文化服务体系创新工程”成功入选国家公共文化服务体系示范项目。

党的十九大之后，广州各区加快了基层公共文化基础设施建设的步伐，各区依据自身特点和资源要素不断完善公共文化服务。例如黄埔区，从2017年起在区内推广公共文化设施建设及服务总分馆制，并精准有序引入多方社会力量参与公共文化服务，创新“政府资源补给+企业自主运营+社会力量参与”的总分馆制建设“黄埔模式”。2020年，全区已建成各类文化馆分馆（含服务点）30个，其中社会力量分馆（含服务点）有13个，极大地拓展和改善了公共文化服务空间，充实了公共文化服务内容，助力提升区域营商环境，进一步推动公共文化服务赋能区域经济发展。又如天河区，2020年已建起了区、街、社区三级图书服务网络，还积极推动社会合作图书馆建设，2019年建成科技园图书馆分馆等一批社会合作图书馆。2019年还出台《天河区公共图书馆总分馆体系运行机制》等制度安排，为21个街道分馆和社会合作分馆统一配送图书、安装智能化配套设施、接入光纤宽带，着力推动实现全区标准化服务。再如花都区，近年来不断推动公共文化服务设施的提档升级，跟踪和督导重点公共文化设施建设，配合做好新图书馆、花都大剧院、花都阁陈列布展项目、光禄大夫家庙第三进及配套设施工程等公共文化基础设施建设相关工作，开展新华街数字文化试点建设，推进文化馆、图书馆总分馆建设，建成雪豹突击队图书馆分馆、云山学校智慧图书馆分馆，在云山学校建成首家24小时自助图书馆。

二、健全普惠公共文化服务体系

构建惠及全民的公共文化服务体系，是中国共产党不忘初心、执政为民的重要体现。在党的十八大精神指引下，广州重视并加快推进公共文化服务体系建设，确立了“结构合理、发展均衡、网络健全、运行有效、惠及全民”的公共文化服务体系建设原则，逐步推进建设布局合理、设施先进、功能完善、覆盖城乡的公共文化服务体系，人民群众的获得感、幸福感明显增强。2021年3月，广东省文化和旅游厅发布公共文化服务评价结果，广州的综合排名居全省首位。

（一）形成公共文化多元供给体系

公共文化供给体系包括公共文化设施提供的产品和服务、文化创作单位提供的文化产品和服务等一系列内容。如图书馆、博物馆、美术馆通过图书借阅、文物展览、艺术品展出等向社会公众提供文化产品和服务；文化馆通过组织群众开展文化活动向公众提供文化服务；各类剧院、剧团通过创作演出剧目向群众提供文化服务等。总体来讲，公共文化产品供给体系就是通过公共文化产品和服务的供给，让人民群众在享用这些产品和服务的过程中提升自身的素质和精神境界，启发和培养人的文化自觉，引导人们建立正确的价值观和健康的生活方式，激发广大人民群众的文化创造活力。

党的十八大以来，广州不断采取措施健全公共文化产品供给体系。如前所述，投入了大量资金建立了大批公共文化服务设施，为构建普惠性的公共文化服务体系奠定了基础。此外，又通过增强服务意识，建立健全群众文化需求跟踪反馈机制，开展菜单式、订单式服务，为群众提供更多喜闻乐见、充满正能量的优秀文化产品和服务，努力实现公共文化服务“适销对路”，让群众真正喜欢文化、参与文化、创造文化。为了更好地满足人民群众多层次、多样化的文化需求，广州在持续加大投入、优化文化发展环境的同时，积极推出一系列重大举措，力求为广大市民提供更多、更好的文化产品和服务。一方面大力加强对公共文化产品创作生产的引导，实施文艺精品战略，建立优秀传统文化传承体系，切实提高公共文化产品质量；另一方面又调动政府、市场、社会等各方面力量参与公共文化产品创作生产和供给，形成公共文化多元供给体系。

改革开放以来，经过多年的改革发展，广州的文艺院团逐步探索出适应市场需求、满足群众趣味的文化产品生产之路，为文化市场提供了一批叫好又卖座的艺术精品。党的十八大以来，广州的文艺工作者又先后创作了粤剧《梅岭清风》《孙中山与宋庆龄》、音乐剧《西关小姐》《和平使者》、话剧《威尼斯商人》、广东音乐《珠江之春》、人偶剧《哪吒》、武侠杂技剧《笑傲江湖》、芭蕾舞剧《葛蓓莉亚》等一批艺术精品。这些文艺精品的成功创作和演出，既为市民群众提供了较好的精神文化享受，又为提升市民文化品质奠定了更好的基础。举办重大文化节会活动是广州展现城市文化魅力和满足群众文化参与需求的重要抓手。多年来，广州通过举办一批已形成品牌的文化节会，如中国音乐金钟奖、广州国际艺术博览会、中国（广州）国际纪录片节、中国广州国际演艺交易会、中国国际漫画节、羊城国际粤剧节等，为广大市民提供了大量的文化产品。广州每年举办的文化知名品牌“羊城之夏”市民文化节，推出了上千场主题活动，惠及市民400余万人次。

“十三五”期间，广州创作的文艺作品频频获奖，文化产品和服务供给的质量不断提升。多部作品入选国家文化和旅游部100个“百年百项”小型作品创作计划重点扶持作品、“中国杂技艺术创新工程”重点扶持作品、全国扶贫线上展演剧目名单。《帆影——广州海上丝绸之路千年纪实》等40多部文学作品完成创作，《粤剧表演艺术大全·做打卷》在中国艺术研究院主办的“张庚戏曲学术提名”参评活动中以高票获奖，多部作品荣获“第34届田汉戏剧奖剧目奖”“第五届广东省科普剧大赛剧本创作一等奖”等奖项。300余件美术作品入选国家和省级重要美术展览，仅2019年就有33幅绘画作品入选“第十三届全国美术作品展”，在职画家入选排名在全国画院中高居第二位。

广州还积极探索公共文化服务多元供给的实践，努力提高公共文化产品与服务供给效能。在公共图书馆建设方面，积极联合社会力量推进分馆建设，由政府统筹布局、把控标准，社会力量投入场地、装修和日常管理，市、区级图书总馆支持图书、借阅设备等，以“一带多”形式共建形态多样的分馆。截至2020年底，与学校、企事业单位、地产商、地铁、书店、工业园区等各类社会机构合办的实现通借通还且对所有公众开放的图书分馆88个；与社会力量合建文化馆13个，公益性群众文化活动和艺术普及培训的服务范围有效延伸、服务质量进一步提升。在政府引导下，企业和民间纷纷投入博物馆建设事业，涌现出一批如中山大学生物博物馆、广州市东平典当博物馆、广州东方博物馆等高校、企业、民办博物馆。企业和民间资本进入图书馆以及文博事业，既节约政府的建设投入，又有效地补充和拓展了公共文化供给体系。到2021年，广州公共文化服务已由单一主体的供给机制向多元化转化，各类文化主体逐步发展壮大，持续为广州文化繁荣发展带来服务能力、效能和品质上的有力支撑。

（二）完善公共文化服务的组织体系

公共文化服务的组织体系由公共文化服务的领导机构、实施单位、基层文化单位组成。党委、政府是公共文化服务的领导机构，主要是对公共文化服务事业进行规划、投入、管理和制度安排等方面的工作。政府的具体部门是提供公共文化服务的主体力量，基层文化单位是实施公共文化服务的基本力量。按照国家公共文化服务体系建设的要求，广州已建立起由党委和政府领导、政府具体部门组织实施、各基层文化单位具体落实的公共文化服务组织体系。从具体实施来说，中共广州市委宣传部、广州市文化广电旅游局是公共文化服务体系建设的领导机构；市属和区属的图书馆、博物馆和文化馆等公共文化服务单位是提供公共文化服务的主体机构；街、镇、社区、乡村的文化室、文化站都是基层组织实施公共文化服务的基本单位。经过多年的努力，广州形成了市、区、街（镇）、社区（村）四级公共文化服务的组织体系，各级单位各司其职，有效地促进了公共文化服务供给，极大地满足了人民群众对公共文化服务的需求。

在公共文化服务组织体系中，基层文化工作人才短缺、队伍不健全是制约公共文化服务效能提升最突出的一个问题。为了有效解决好这一问题，《广州市文化广电新闻出版事业发展第十三个五年规划（2016—2020年）》作出明确规定，要落实街道（镇）文化站人员编制配备不少于1～2名的要求，规模较大的街道（镇）可以适当增加。同时，要求每个社区（村）文化室至少配置1名专职文化管理员和至少2名文化志愿者，构建起专兼结合的社区（村）公共文化管理服务队伍格局。另外，为了提高基层公共文化工作者的文化素养和服务能力，广州还将公共文化服务专业人才培养纳入国民教育体系，并通过加大培训力度，建立培训上岗制度，不断提高基层公共文化管理人员的专业素质。在加强公共文化服务辅导员队伍建设方面，还特别要求公共文化机构及群众文艺团体为基层公共文化服务辅导员提供专业指导，以增强相应的服务能力。

为了弥补基层公共文化服务队伍的不足，广州高度重视文化志愿服务队伍的建设。近年来，广州市文化志愿服务总队在文化志愿服务的项目培育、资源对接和文化志愿者培训等领域开展了大量扎实有效的工作。在广州市文化广电旅游局的指导下，广州市文化和旅游志愿者总队、广州市志愿者协会经常在全市文化场馆、重点景区组织开展文化和旅游志愿服务活动，组织文化和旅游志愿者在全市各大景区、图书馆、文化馆、博物馆等场所上岗服务，为广大市民游客提供安全、便利、舒心的旅游出行体验。到2021年，全市文化馆、图书馆、博物馆的文化志愿服务精彩纷呈，文化志愿者成为公共文化服务中一支不断壮大的生力军。每到节假日尤其是五一节、国庆节等假期，市民游客跟随文化志愿者的步伐打卡沙湾古镇民乐实景音乐会、到广州少年儿童图书馆倾听党员志愿者讲述百年党史的红色记忆、在“小小文旅导赏员”的带领下了解岭南传统工艺和古祠建筑装饰中的故事等。如今，文化志愿者“红马甲”攒动的身影已成为广州公共文化服务的一道靓丽风景。

（三）健全公共文化服务配套机制

公共文化服务是关系到人民群众基本文化权益的保障，是体现人民群众是否具有获得感的一项重要民生工程。在加强公共文化基础设施建设的基础上，公共文化服务体系的正常运转还需要一系列配套机制，包括人才培养机制、考察评估机制、表彰奖励机制、市场监管机制等。在推进公共文化服务体系建设过程中，广州对如何健全和完善公共文化服务的配套机制建设进行了许多有益的探索，着力把公共文化服务纳入规范化和常态化发展的轨道。

一是完善人才培养机制。根据公共文化事业发展的需要，确保编制和人员到位，保障基层文化站、广播电视站、“农家（社区）书屋”及“绿色网园”工作的开展，广州建立健全公共文化服务从业人员上岗培训制度，完善基层文化干部的职称评定、专业技术人员资格评定和聘用机制。通过公开招聘等办法，吸引各类优秀人才进入公共文化服务领域发展。为保障公共文化服务基层队伍的稳定，制定并落实《广州市社区文化辅导员工作管理办法》，培育和发展扎根基层、服务群众的专兼职公共文化服务队伍。按照这一办法，广州近年来加大了对基层公共文化服务人才队伍的建设力度，通过配齐基层文化站、文化室的专职工作人员，并加强对他们的培训，提高了基础专职文化人员的素质和水平，使他们在基层公共文化服务中发挥了较好的作用。

二是完善考察评估机制。广州制定了《广州市居住区（社区）公共服务设施设置标准》并不断进行修订，对社区文化设施建设和人员配备情况进行标准化考评。还制定实施了各级文化设施和文化服务的测评体系，规划和促进公共文化体育设施的配套建设。同时，建立了公共文化服务指标体系，并将其作为考核公共文化服务的投入、质量、效率和水平的重要量化指标，对公益性文化产品、文化服务、文化活动，以及公益性文化单位进行绩效评估。以文艺进社区工作量化考核指标为例，具体指标要求：市属各专业艺术院团必须制定每年送戏下乡的计划，每年为基层群众送戏演出100场以上；市群众艺术馆、各文化馆每年分别为群众举办各类活动50场（个）以上，每年举办各类讲座、辅导、培训、展览活动不少于20个，其中面向未成年人、老年人以及农民工的专题文化活动必须占一定的比例；各街镇文化站每年组织各类文化活动12次以上；群众文化工作人员每年要有36天以上深入街镇、社区和农村开展培训、辅导、调研。考核的结果作为经费支持、领导考核的重要依据。

三是完善表彰奖励机制。为促进公共文化服务的发展，广州逐步完善表彰奖励机制，对在建设公共文化服务体系中成效突出的单位和个人给予表扬和鼓励。多年来，广州通过各种形式表彰在公共文化服务方面作出贡献的团队和个人。比如，2018年举行“优秀文化志愿者”“文化志愿服务先进工作者”“优秀文化志愿服务项目”及“优秀文化志愿服务团队”的评选工作，主要面向各博物馆、图书馆、文化馆及各区公共文化机构，旨在表彰活跃在公共文化服务领域第一线的优秀文化志愿者。经过各单位的推荐和评审，确定金玲等30人为“2018年度广州市优秀文化志愿者”，董帅等10人为“2018年度广州市文化志愿服务先进工作者”，“广州图书馆视障人士多感官阅读志愿服务项目”等10个项目为“2018年度优秀文化志愿服务项目”，广州市文化馆文化志愿者团队等10支队伍为“2018年度优秀文化志愿服务团队”。①

四是完善市场监管机制。在公共文化服务领域，市场监管是指政府为了维护文化市场的良好运行而采取的对市场交易主体、市场交易过程和市场交易规范进行的管理活动。在发展公共文化服务的过程中，2014年广州印发《广州市人民政府关于印发〈广州市文化市场监管体系建设规划（2012—2016年）〉的通知》，具体指导文化市场准入制度、准入服务、市场监管、质量管理、保护市场秩序等相关工作，其中涉及不少公共文化服务体系的内容，由文化市场综合行政执法总队开展执法活动，有效地维护了文化市场的秩序，使文化市场得以健康运转。2019年，广州市原文化市场综合行政执法总队和原广州市旅游质量监督管理所进行合并改革，组建市级内设执法监督机构。全市全年出动执法人员1.87万人次，检查各类文化经营场所6521家次；立案调查97件，办结案件99件；作出警告处罚22宗，罚款73宗，行政罚款176.02万元，责令停业整顿3宗，吊销许可证1宗。②开展重点领域专项整治，组织“扫黄打非”“剑网2019”以及文化旅游集中整治、广播电视节目安全传输整治、演出经纪机构专项检查等行动，对出版市场、网络文化市场、营业性演出市场、出境旅游市场等重点领域开展集中整治，较好地维护了广州的文化市场秩序。

（四）完善公共文化服务支撑体系

公共文化服务的支撑体系是指能够支持和保障公共文化服务正常运转的一系列政策法规和财政支持系统。党的十八大以来，广州为推动公共

① 黄宙辉：《广州市举办2018年度文化志愿者表彰活动》，金羊网，2018年12月6日，http://news.ycwb.com/2018-12/06/content_30147581.htm.

② 《广州年鉴（2020）》，广州年鉴社2020年版，第408页。

文化服务体系建设的进一步发展，推出了一系列政策和法规，如2013年出台《广州市基本公共服务均等化重点工作实施方案（2013—2016年）》，2014年制定《全国重点文物保护单位光孝寺保护规划》《全国重点文物保护单位南汉二陵保护规划》，2016年制定并实施《广州市"书香羊城"全民阅读活动2016—2020年规划纲要》《广州市人口发展和基本公共服务体系建设第十三个五年规划（2016—2020年）》《广州市加快构建现代公共文化服务体系的实施意见》，之后还相继出台《关于繁荣发展社会主义文艺的实施意见》《广州市优秀文艺人才培养扶持计划（2017—2020年）》《广州市文艺精品创作三年行动计划（2018－2020）》《广州市进一步振兴粤剧事业工作方案（2019—2021）》等政策措施。这其中既有统揽文化发展全局的公共政策，也有专门针对公共文化服务体系建设的政策文件，它们共同构成公共文化服务体系发展的支撑体系，使广州公共文化服务的政策法规支撑体系不断走向完善。

公共文化服务支撑体系除了各项政策法规之外，还包括财政支撑。改革开放以来，广州在公共文化服务方面的投入在逐年提高，在"十一五"和"十二五"期间，公共财政用于公共文化服务方面的支出就超过了总支出的1%。此后，继续加大对公益性文化事业的财政投入，重点向基层文化建设特别是社区和农村文化建设倾斜；各级文化事业经费不低于当地财政总支出的1%，并将图书馆、群众艺术馆、博物馆、文化馆、文化站等各项经费纳入年度部门预算，为公益性文化事业提供必要的经费保障；扩大政府投入公共文化的比例，引导和鼓励社会力量投资兴办公共文化实体、建设公共文化设施、提供公共文化服务，形成以政府投入为主、社会力量积极参与的稳定的公共文化服务投入机制。

在2017年6月发布的《广州市文化广电新闻出版事业发展第十三个五年规划（2016—2020年）》中，进一步强调加大财政投入力度，建立健全财政对文化投入稳定增长机制，落实社区公共文化设施建设要从城市住房开发投资中提取1%的政策规定，确保基层公共文化事业发展形成稳定的经费投入机制。进入"十四五"时期，广州进一步提出要建立财政保障机制，拓宽政府主导、社会参与的多元投入机制，强调要建立政府向社会购买公共文化服务财政保障机制，加大媒体融合、文艺创作、文化惠民的财政支持力度。

（五）构建粤港澳大湾区公共文化服务资源共享体系

建设粤港澳大湾区是国家的重大发展战略，2019年2月，《粤港澳大湾区发展规划纲要》颁布实施，为粤港澳大湾区的发展带来了极大的机遇。粤港澳人民同根同源、地域相连、语言相近、文化相通，构建粤港澳大湾区的公共文化服务资源共享体系，对满足粤港澳群众在公共文化服务方面的需求具有极大的意义。其实，在改革开放过程中，穗、港、澳三大城市之间的往来非常密切，已经形成较为完善的文化交流合作机制。在建设粤港澳大湾区的时代背景下，三地人民的交往会更为频密，为构建彼此之间的公共文化服务资源共享体系带来了更迫切的需求和更大的舞台。

2014年，粤港澳的文化界代表签订《粤港澳文化交流合作发展规划2014—2018》，提出加强多方面的文化合作，包括共同提升公共文化服务水平，共同拓展网络及无线移动终端文化服务功能，共同组织多元化社区文化交流活动，共同推进粤剧及其他文化遗产的传承与发展等。此规划签订以来，珠三角地区与港澳的双向交流近千次，参与人数一万多人次，达成合作项目170多个，打造了“粤港澳粤剧群星荟”“粤港澳青少年粤剧艺术交流夏令营”等一系列文化交流活动品牌；“粤港澳现代舞联盟”、粤港澳青少年戏剧交流计划等项目稳步推进；“粤港澳文化资讯网”不断完善，“粤港澳文化生活电子地图”App（手机软件）为粤港澳民众的文化生活提供了许多信息与服务便利。

近年来，广州、香港、澳门三个城市的博物馆和图书馆开展合作交流的项目也不断增多，互办展览、开展专题研讨、开设工作坊、馆员交流等活动办得有声有色，三个城市联合举办的“粤港澳海上丝绸之路文物展”“汉代文物展”等合作项目影响广泛、深受民众的喜爱。2017年12月起，广州陆续成立“粤港澳大湾区音乐教育与艺术发展联盟”“粤港澳大湾区时尚联盟”“粤港澳大湾区音乐艺术联盟”“粤港澳大湾区文学工作坊”“粤港澳大湾区动漫联委会”等。2018年，香港和澳门加入了由广州牵头、宁波、南京等20多个城市参加的海上丝绸之路保护和联合申报世界文化遗产城市联盟，广州和香港、澳门为申报海上丝绸之路世界文化遗产做了大量的工作。2019年，根据《粤港澳大湾区文化遗产游径建设工作方案》的要求，广州作为粤港澳大湾区文化遗产游径建设的试点城市，大力推动游径建设，初步形成中山史迹、近代医药、近代教育及红色史迹游径路线，涉及各级文物保护单位及历史建筑60多个（处），确定了西堤一沿江路一带为粤港澳大湾区文化遗产游径示范段。2019年，广东省人民政府、文化和旅游部、香港特别行政区政府、澳门特别行政区政府共同主办了“湾区花正开——首届粤港澳大湾区文化艺术节”。艺术节在广州大剧院举行开幕式，整合了大湾区各地优质文化和演艺资源，举办了活动100多项，包括艺术精品巡演、港澳优秀舞台艺术精品展演季、戏剧展演周、电影展演月、国际音乐季、国际舞蹈季、美术作品联展、工艺美术博览会、青年艺术人才交流季等。

粤曲、粤剧是岭南文化的瑰宝，已被联合国列入世界非物质文化遗产名录。广州、香港和澳门三地的民众对粤曲、粤剧都非常喜爱，三个城市的粤剧演出团体经常进行合作演出，粤曲、粤剧的发烧友也经常交流切磋技艺、自娱自乐。“穗港澳粤剧日”自2003年起每年都举行，从未间断。每年的“粤剧日”，广州文化公园中心台围满了观众，台上穗港澳大老倌同台比拼，“粤派”武功漂亮，“港派”字正腔圆，台下观众不断喝彩，大呼看得过瘾；还在香港文化中心和香港太空馆举办粤剧电影、粤剧折子戏演出、粤剧艺人讲座等丰富多彩的活动，吸引了众多香港市民观赏。除此之外，穗港澳之间还广泛开展影视、文学、非遗、文化产业等领域的合作交流活动。通过这些文化活动的持续开展，不断推进穗港澳文化资源的共享，极大地满足了穗港澳民众的精神文化需求，有力推动着“人文湾区”的共建。

三、全面提升公共文化服务效能

进入新时代，人民群众对美好生活的向往越来越强烈，满足美好生活的文化需求也成为加强公共文化服务体系建设的目标和任务。因为美好生活需要不再仅停留在物质生活上的满足，更多的是追求文化、公平、民主、法治等精神层面上的幸福感和获得感，这必然对公共文化服务提出新的更高要求。广州在公共文化服务体系建设过程中，围绕全面提升公共文化服务效能，持续推进基本公共文化服务标准化均等化发展，不断补齐发展短板，不断满足人民群众日益增长的精神文化需求，推动公共文化服务效能化和品质化提升。

（一）以群众需求为导向，推动服务标准化

基于城乡和区域发展不平衡的状况，推进公共文化服务的标准化和均等化就成为新时代加强文化建设必须落实的一项迫切任务和要求。党的十八届四中全会通过的《中共中央关于全面推进依法治国若干重大问题的决定》明确指出："制定公共文化服务保障法，促进基本公共文化服务标准化、均等化。"[①]通过制定标准推动公共文化服务建设，才能保证公共文化服务效能的均等化发展和整体性提升。在完善公共文化服务标准方面，广州注重顶层设计，制定出台《广州市加快构建现代公共文化服务体系的实施意见》，从全市层面谋划全面统筹推进。

一是以财政保障为基础确定投入标准。这是一个动态尺度，既要做好财政预算工作，制定合理的财政预算来保障公共文化服务的投入，同时又要及时统计追踪群众在不同时期内的文化需求变化的相关动态数据，增加资金投入比例和使用效率。改革开放以来，随着经济快速发展，广州每

① 《中共中央关于全面推进依法治国若干重大问题的决定》，人民出版社2014年版，第13页。

年用于公共文化服务的财政投入都有增加。在迎接第十六届亚洲运动会期间，用于大型公共文化服务设施建设的经费大幅提升，因而2010年广州的公共文化服务经费占公共财政支出超过了5%。党的十八大之后，广州每年对公共文化服务的投资都能保持较高的水平，用于公共文化服务方面的支出在公共财政支出中都保持1%以上的水平。

二是具体的业务和技术标准。2015年，中共中央办公厅、国务院办公厅印发的《国家基本公共文化服务指导标准（2015—2020年）》是国家对基本公共文化服务建设的指导性标准，其中的业务标准技术标准对指导基层公共文化服务建设意义巨大。广州以《国家基本公共文化服务指导标准（2015—2020年）》为依据，不断完善城乡基层公共文化设施建设，全面建成公共文化设施网络，对城市社区或乡镇区域不达标的公共文化服务设施进行重建、改建、扩建，全面打造城乡标准文化圈。至2020年底，已建成文化馆（站）199个，社区（行政村）综合性文化服务中心2744个，其中12个区级以上文化馆全部为国家一级馆，172个街道（镇）文化站中170个为省特级站，市、区、街道（镇）以及社区（行政村）四级公共文化服务网络覆盖率达100%。各级文化站建设100%达到一级站的标准，80%达到特级站标准，每万人拥有室内公共文化设施面积1500平方米，公共文化服务各项指标位居全国先进水平。在实现基层文化设施建设达标之后，广州又通过制定设施管理办法、开展管理人员培训、落实人员聘用经费等方式，积极探索长效管理机制，努力使文化设施实现良性运营，为市民提供优质文化服务。

三是场馆运营和服务标准。党的十八大以来，广州各区图书馆、文化馆不断探索服务模式创新，按照“图书馆先行、文化馆跟进”的步骤，系统化构建了“总馆+分馆+服务点”的服务三级空间布局，并打通横向联系形成矩阵网络。借鉴成熟连锁企业的成功管理经验，按照“理念相统一、外观同标识、服务标准化”的要求，打造成连锁式、标准化图书馆服务体系，建设完善图书馆服务体系各部分之间的联系机制，推进决策、执行、反馈流程再造，实现资源流通和信息流通及时、通达。“十三五”期间，广州还先后印发《广州市公共图书馆服务规范》《广州市公共图书馆第三方评估管理办法》《广州市公共文化设施管理办法》《广州市文化馆、站（室）服务规范》《广州市文化馆、站（室）第三方评估管理办法》，以提升专业化水平，有效促进公共文化事业加快发展、协调发展。

（二）坚持城乡一体化发展，推动服务均等化

推进公共文化服务均等化，目的在于使全体人民群众基本文化权益得到保障，可以无差别地接受公共文化服务，满足其日益增长的精神文化需求。广州作为一个快速发展的超大型城市，辖区范围内既有中心城区，又包含了乡村区域，要推动公共文化服务均等化就必须坚持城乡一体化发展的思路和实践路径。当然，公共文化服务均等化并不等于绝对平均化，要根据实际情况来合理控制差异性和层次性，使其在适当的范围内实现公共文化服务的普惠性和大众性。为此，广州着重从城乡、群体两个重要方面来确保公共文化服务均等化的实现。

首先是建立以城带乡的联动机制。要打破城乡分割的局面，实现城乡公共文化融合发展，离不开城市对农村的帮扶，要通过优化城乡公共文化服务资源空间分布格局，推动人才、资金、技术等公共资源在城乡之间形成良性循环互动的局面，改变城乡之间公共文化服务水平失衡的局面。

其次是针对群体差异，促进基本公共文化服务均等发展。一是保障城市的贫困群体和特殊群体的文化需求，重视加强对特定人群开展公共文化服务。如每年举办主要以外来务工人员为服务对象的“异乡人、广州情、中国梦”广场电影公益活动，每周在外来务工人员集中的地区提供免费放映服务；在公共文化服务场所增加为残疾人服务的设施，广州图书馆提供了盲文图书并设立了盲人借阅系统，为残疾人享受公共文化服务提供了方便。二是关注农村留守儿童、留守妇女和老年人的文化需求，完善和丰富农村留守儿童和学生的课堂和课外文化服务。如从化区利用公益培训联盟开展文艺支教活动，从化区文化馆组织联盟机构教师组建了一支文艺支教

志愿服务队，为山区及农村的孩子和老年人开展有特色、有内涵、有新意的文化活动，积极践行乡村振兴文化先行的发展道路。

再次是利用现代技术大力推进“智慧广电+公共服务”。近年来，广州不断推进城乡数字广电均等化发展，已完成有线数字电视前端4K平台建设，已建成10个4K社区（示范村），发展双向高清/超高清电视用户约82万户。同时，为偏僻地区住户免费提供6套无线模拟广播节目、17套地面数字电视节目；在1144个行政村开展农村数字电影放映工程，共免费放映电影52319场，受惠人数超过489万人次。

（三）加快创新服务机制，推动服务数字化

提升公共文化的服务效能，离不开服务机制和服务手段的不断创新。进入新时代，广州继续深化文化体制改革、推动文化管理体制进一步创新和完善。一方面，明确各级政府建设公共文化服务体系的主体责任，建立健全政府统一领导，相关部门分工负责，工会、共青团、妇联等群众团体积极参与公共文化服务的工作机制；另一方面，形成了政府主导、社会力量广泛参与公共文化建设的工作格局，构建起把社会效益放在首位、社会效益和经济效益相统一的文化体制机制，为提升公共文化服务效能提供有效的组织保障。

与此同时，广州充分利用现代科技手段来提升公共文化服务水平。随着信息技术的不断发展，广州积极探索“互联网+文化”服务手段，已建立健全了文化馆及图书馆的微信公众平台、阅读推广App、艺术推广App等服务平台，完善了线上线下服务群众渠道，为群众及时提供详尽的艺术惠民信息和阅读推广服务资讯。在图书馆创新方面，引进自助办证、借还系统，安全检测系统，智能综合借还服务终端，智能书架等设备，完成图书馆管理从传统技术到RFID（射频识别）技术的过渡，引入图书供应商在该分馆设置图书“以需订购”的公共图书直接采购服务平台，实现了图书馆服务智能化、读者自助化和便利化。同时，进一步完善图书馆自助终端设

备程序的功能规划与开发，更新自助办证、自助借还、盘点系统、智能书架、文献搜索与导航等应用程序，在数据储存、数据读取方面，准确率在98%以上，极大地满足了人民群众对图书借阅的需要。

广州通过数字文化服务的推陈出新，有力促进了公共文化服务的标准化、均等化发展。越秀区建成全国首个5G网络全覆盖的少年儿童图书馆，黄埔区图书馆率先应用非接触式极速掌脉技术用于图书借阅服务，南沙区新图书馆首创AR眼镜个性化服务模式和资源导航系统，白云区图书馆新馆开设基于高频解决方案无感借阅通道。2020年，全市“云展览”“云演出”等活动广泛展开，共开展线上活动近3000场，参与人次7000多万。在“公共文化云平台”基础上，2021年广州还开发建设了“广州文旅融合平台”，推动线上线下融合，演出演播并举，充分体现了数字化文化服务的便民惠民。

四、广泛深入实施文化惠民工程

人民性是社会主义文化建设的根本属性，构建社会主义的公共文化服务体系必须把以人民为中心的价值导向贯穿于全过程，确立人民创造、人民共享的文化理念，让公共文化服务真正实现全民共建、全民共享。党的十八大以来，广州始终坚持以人民为中心的价值导向，大力推动文化惠民工程建设，使广大人民群众享受到不同层次、不同风格、内容丰富的文化产品和服务，使人民群众在新时代的文化获得感、幸福感不断增强。

（一）以政策法规推动文化惠民

文化惠民是广州在构建现代公共文化服务体系中坚持常抓不懈的民生工程，而要实施这一工程，必须实现政策先行。广州始终自觉把文化民生建设放在重要地位，2009年就以中共中央办公厅、国务院办公厅颁发的《关于加强公共文化服务体系建设的若干意见》为指引，制定了《广州市加快公共文化服务体系建设实施意见》，以此带动文化惠民工程建设。通过加大文化基础设施建设，建成了市、区、街（镇）、社区（村）等大批文化基础设施，为人民群众开展文化活动、享受文化权益提供了充足的场地。2020年，广州市、区文化馆馆舍建筑面积共计9.74万平方米，室外活动场地面积为7.12万平方米，文化馆活动厅室面积为6.83万平方米，公共文化设施体系持续优化。到2021年，广州的大部分公共文化设施免费向市民开放，遍布每个街道和乡镇社区基层的文化设施也长期向居民群众免费开放。广州市属的博物馆、纪念馆基本都是免费向市民开放的，仅3家收费，分别是广东民间工艺博物馆（陈家祠）、南越王墓博物馆和广州博物馆（镇海楼）。这三家博物馆收费都很低且符合国家的有关规定，主要是由于它们都是古建筑、古遗址，需要一定的经费用于文物保护，而且从保护古建筑、古遗址的角度出发，也需要通过收费控制进馆人数。这三家收费馆与其他公益性文化设施一样，对持证老人和青少年集体参观实行免费，而且每月也有一天向公众免费开放。

多年来，政府通过制定政策，以政府购买服务的方式，支持开展免费看电影、看演出、参观展览等系列惠民活动，还持续开展“送戏下乡”“送影下乡”“送展下乡”等工程，为城乡低收入群体和弱势群体提供了丰富的文化产品和服务，有效地满足了特殊群体参与公共文化活动的需求。

政府还通过各种优惠政策，引导文化经营机构适当让利，为群众提供一些高端文艺演出的低价票，让人民群众享受到消费文化产品的实惠。例如广州大剧院、星海音乐厅、友谊剧院等每场演出都会拿出部分门票低折扣销售，这些“高端惠民票”的推出，不仅满足了中低收入群体对高端艺术演出的需求，也在潜移默化地培养群众的艺术兴趣，为艺术团体和演出机构培养大量高端文艺演出的后备观众，是一举两得的好事。广州交响乐团在其音乐季中，也会组织两大公益音乐会品牌，分别是“乐聚星期三”

和“周日音乐下午茶”。2018/2019音乐季，“乐聚星期三”有4场，票价为80元；“周日音乐下午茶”有6场，票价为100元。这两大音乐会深受观众欢迎，每场上座率都是100%。广州友谊剧院从2016年开始，每年推出“好戏100大‘惠’演”活动，一批优秀舞台艺术作品以票价100元的方式进行“惠演”，广东演艺中心大剧院的每场演出都会设置80元的最低票价作为惠民价，惠民票价让艺术走进了广州人的生活，使普通老百姓都能得到高水平的艺术享受。

总之，为了推动《中华人民共和国公共文化服务保障法》的实施，广州通过制定系列政策法规体系，将构建现代公共文化服务体系纳入经济社会发展的总体布局，进行整体谋划，统筹推进，不断规范公共文化服务行业标准，提升专业化水平，有效促进公共文化事业加快发展、协调发展。2022年，广州正围绕发挥国家中心城市和粤港澳大湾区核心引擎作用，推动公共文化设施高质量发展，公共文化服务体系将得到持续优化，公共文化产品供给效能将获得进一步提升，可以期待广州的文化惠民也将达到一个新的更高水平。

（二）整合文化资源为群众提供免费服务

通过文化基础设施建设，广州以及各区、街都拥有了数量众多的文化基础设施，各区也因自身的人文特色和条件拥有不少的文化资源，要使这些文化资源真正产生惠民利民的效益，就需要整合这些文化资源，推动文化资源共享。特别是由于很多文化惠民工程分属不同的行政部门管辖，一定程度上造成了设施和内容的浪费，影响了公共文化服务的实效。为了在推动公共文化服务体系建设中解决好这一突出问题，避免重复建设和不必要的浪费，广州坚持“共建共享共同提升”的原则，积极推动文化资源免费为群众服务的整合公用。这当中，特别强调“大文化”概念，即公共文化的发展不仅仅局限于某一个单位或某一部门的管辖范围，只要是关乎老百姓文化生活的惠民资源，就应该打破部门之间的界限整合利用，以推进集约型的公共文化服务体系建设。比如文化室建设，除了传统的图书阅览、文艺演出、文化活动外，还增添了广播电视、科普培训、体育等内容，同时也将农家书屋、绿色网园、共享工程基层服务点、星光老人之家、党员活动室、科普室的建设合为一体，一室多用，共建共享，充分发挥了集约效益，满足了群众多元化、多层次的文化需求。此外，广州还积极推进数字资源建设的共享工程，以实现数字电视和数字广播信号在农村山区的全覆盖，已建成广播电视村村通、户户通、农村数字电影放映、农家书屋、绿色网园等文化惠民工程，使广州的广播电视覆盖率达到100%。

广州图书馆多年来坚持推动通用数字信息资源库建设，其中包括具有鲜明地域特色的自建共建资源以及适用于区域用户一般信息需求的大众公共服务类商购资源，这些资源均可通过已构建的服务网络为全市公共图书馆用户提供服务。同时，又推动数字图书馆工程建设，搭建与省馆联通的虚拟网，使全市读者能够进一步共享省馆和国家图书馆提供的资源。在不断完善图书资源共享服务的过程中，实现电子阅览室各区和街（镇）、社区终端计算机的联通服务，这些服务现都已实现全面免费。

在整合公共文化服务资源共享的探索中，2018年广州市文化馆联合11个区文化馆成立了公共文化服务社会化发展创新平台“广州市公益培训联盟”，2020年已有55个社会优质文化艺术机构加入。2021年，该联盟面向公众推出250多场次高质量的公益培训，类型涉及音乐、舞蹈、书法美术、语言艺术、儿童原创戏剧体验、创意益智魔术、生活美学、非遗等，逐步打造出一个开放多元、充满活力的公共文化服务供给平台。

到2020年，广州公共文化服务的“云平台”汇聚了博物馆、图书馆、文化馆三类行业资源，联通了市、区、街（镇）三级文化机构，可对外提供一站式、精准化、互动式公共文化服务，实现全市公共文化资源互联共享。

（三）开展丰富多彩的群众文化活动

其一，利用传统节日开展文化惠民活动。广州每年在大型传统节日期间，通过举办各种文化活动实现文化惠民。例如，迎春花市是广州一个历史悠久的民俗文化活动，政府每年都投入大量的人力物力举办迎春花市，现在已经形成“广州过年，花城看花”的品牌效应，影响全国、辐射东南亚；每年在端午节期间举办国际龙舟邀请赛，国内外的参赛队伍逐年增多，广州城乡居民踊跃参与，成为广州市民的一大文化盛事；广州市文化馆每年在中秋节举办中秋文艺演出，成为广大市民的文化大餐。这两年由于受新冠肺炎疫情影响，一些大型的群众文化活动在线下受到限制，广州就把活动转移到线上举办，群众积极参与，效果也很理想。另外，各区、街道、社区都利用春节、元宵、端午、重阳、中秋等传统节日开办展览、游园、文艺晚会、免费电影放映等多项文化活动，组织开展具有浓郁本地特色、本土文化气息的社区活动，如幸福西关游、幸福美食节、幸福健身日、幸福志愿日、幸福齐参与、幸福成果展等，吸引市民群众纷纷参与到活动当中，可以充分感受到节日的温暖快乐，生活的幸福感油然而生。

其二，开展丰富多彩的特色文化活动。广州各区都根据本区的文化特色、人文传统和资源优势，认真组织策划，积极打造“一区一品牌”“一街一品牌”“一社区一特色”的群众文化活动。一批群众喜闻乐见、影响深远、特色突出的文化品牌项目已经成为群众文化的重要载体。例如，黄埔区利用区内南海神庙的民俗文化资源，举办广州民俗文化节暨黄埔波罗诞千年庙会活动；越秀区利用区内北京路千年古道和城隍庙的文化资源，打造每年的“广府庙会”大型文化活动；番禺区紧扣“星海故乡·广州新城”的定位目标，着力打造星海文化品牌，举办星海艺术节、星海国际合唱节等系列活动；天河区深度挖掘珠村的乞巧文化资源，每年举办乞巧文化节；南沙区则利用水乡文化资源组织水乡文化节和妈祖文化节。此外，萝岗区（现在已合并到黄埔区）举办的香雪文化旅游节、增城区举办的广场音乐文化节、白云区举办的“白云风采”、从化区举办的“春催流溪”等文化活动，都成为吸引广大群众参与的文化盛会。花都区每三年举办文化欢乐节、合唱节、盘古王民俗文化节，保持每年都有两项以上全区性的大型文化活动，并逐步将其打造成区文化品牌。荔湾区在推进文化惠民方面也不断出新出彩，利用老城区文化资源举办“荔枝湾·新西关”民俗文化节和“北帝诞民俗文化节”活动；以“穗港澳粤剧日”为平台，弘扬粤剧粤曲艺术，打造中国曲艺之乡品牌。

其三，组织日常性的群众性文化活动。截至2021年底，全市各类群众文艺团队（含合唱、歌咏）已达数千个，广场活动、文艺展演、免费电影、知识竞赛、读书交流等活动形式已成为经常性群众文化活动的主要内容。其中，广州合唱节、少儿舞蹈大赛、街舞文化周等知名群众文化活动每年如常举行；在荔湾区的荔枝湾大戏台常年坚持每天演出粤剧折子戏，“日日免费演，场场做大戏”为市民群众带来了本土文化的艺术享受；同时，全市各级文化行政管理部门积极组织文艺小分队进基层、进农村、进社区，借助公共图书馆、文化馆、文化站和文化室，利用1500多个文化广场，开展形式多样、丰富多彩的群众文化活动。2016年，广州组织了第三届广州合唱节暨省第十二届“百歌颂中华”歌咏比赛，年底又举办了“广州市群众文艺优秀舞蹈团队评选及展演”，这些群众积极参与的文化活动，都取得了较好的效果，市民的综合素质得到了大大的提高。花都区充分发挥文化志愿者的作用，组织群众开展各类文化活动，其有文化特色的“秀全大妈”志愿者团队覆盖秀全街6个社区，志愿者2200多人，2020年参与各类志愿活动超过25000人次。[①]2019年，广州全市举办群众性文化惠民活动3.6万场次，受惠市民线下达1846万人次，线上达4915万人次。

其四，组织开展各项主题文化活动。进入新时代，广州面向基层群众组织开展各种不同类型的专题文化活动，包括“广州论坛”“羊城学堂”“书香羊城阅读月”“羊城之夏”“都市热浪”“公益文化春风行”“百场演出惠市民”“百姓学堂”“非遗课来了”“爱心艺术培训班”“垃圾分类社区美、幸福生活广州梦”等。其中，启动于2005年的“公益文化春风行”大型文化系列活动，一直延续到现在，每年都在举

① 许婉婕、陈浩：《聚焦公共文化服务高质量发展，2021年广州公共文化论坛召开》，《新快报》2021年12月19日。

行；“关爱下一代——广州市未成年人思想道德教育百场免费演出”是广州打造的又一个大型文化主题活动，每年为青少年免费演出一百场话剧、芭蕾舞剧等各门类艺术精品，不仅丰富了青少年的业余文化生活，而且培养了青少年的艺术欣赏能力，现在已成为青少年道德教育的品牌活动，及青少年进行艺术精品鉴赏、接受思想道德教育的大舞台。各区每年组织的主题文化活动也是精彩纷呈，例如天河区常年开展“绚丽天河”系列群众文化活动，截至2019年这项主题文化活动共开展了400余场；2019年天河区还举办了“创艺天河”的文化艺术节，组织了音乐会、艺术展、文化沙龙等多元文化活动。2019年，海珠区举办以“琴韵·大湾区”为主题的岭南古琴音乐会。此次活动荟萃了粤港澳古琴艺术家，通过交流古琴艺术，加深了粤港澳的文化艺术交流，推动了古琴艺术的传承发展。

总之，党的十八大以来的十年，广州公共文化服务事业发展蓬勃兴旺、成效显著。诚然，一切成绩皆为过往。在全面建设社会主义现代化国家、实现第二个“百年奋斗目标”的新征程上，广州要继续贯彻落实习近平总书记对广州实现老城市新活力、“四个出新出彩”的重要指示精神，进一步深化改革，创新机制体制，激发文化创造活力，着力解决公共文化服务发展不平衡、不充分问题，推动广州公共文化服务向更高水平发展，为打造社会主义文化强国的城市范例、满足人民群众对美好生活的文化需求提供有力支撑。

第五章

做强现代文化产业

2020年9月22日，习近平总书记在教育文化卫生体育领域专家代表座谈会上提出，“要围绕国家重大区域发展战略，把握文化产业发展特点规律和资源要素条件，促进形成文化产业发展新格局”[①]。激发产业活力，做强现代文化产业，在城市转变发展方式、调整经济结构的过程中扮演着越来越重要的角色。作为兼具文化属性和经济属性的朝阳产业、绿色产业，文化产业是满足人民群众多样化的精神文化需求的重要途径，文化产业的高质量发展是拉动城市经济增长的新动力。广州作为国家中心城市，一直在优化自身培育、吸引、聚集、发展创造性活动和创造性生产的能力和环境。广州在建设世界文化名城的过程中，也通过持续深化文化体制改革，推动文化产业融合创新发展，不断提升文化软实力。深耕多年，广州文化产业蓬勃发展、成效显著，成为经济社会发展的新引擎。

一、做大做强传统文化优势产业

作为全国文化体制改革综合试点城市之一，广州在全国率先全面推开经营性文化单位转企改制、文化企业资产重组和股份制改造等工作，为广州的文化产业高速发展奠定了先行优势。党的十八大以来，我国文化产业实现了跨越式发展，广州也通过不断深化文化体制改革和文化产业创新，推动传媒、动漫、文旅等传统优势领域不断先行先试，持续巩固相关产业的优势地位。

（一）多管齐下巩固传媒产业优势

广州的传媒产业发展水平，一直位居全国前列。仅广州市辖内就聚集

① 习近平：《习近平谈治国理政》（第四卷），外文出版社2022年版，第311页。

了六家国内知名的大型传媒集团。在经历传统媒体与新媒体融合发展的转型过程中，以省属、市属媒体为代表的广州传媒企业积极作为，发挥领头雁作用，通过强化互联网思维，坚持传统媒体和新兴媒体优势互补，牵引广州传媒产业在媒体融合浪潮中迎风而起，再立潮头。其中，作为市属媒体的广州日报报业集团营业收入和传媒影响力多年来一直在全国同业中位列前三。广州广播电视台作为城市大台，多项业绩指标位居全国城市广播电视台前列。

2014年8月18日，中央全面深化改革领导小组第四次会议审议通过了《关于推动传统媒体和新兴媒体融合发展的指导意见》，将推动传统媒体与新兴媒体融合发展纳入中央顶层设计，媒体融合发展成为传媒领域一场重大且深刻的变革。这一变革是在全球传媒业迈入移动化、社交化时代，推动中国传统媒体融入时代趋势，持续发展的重要战略。

以广州市属媒体为代表的广州传媒业积极投入媒体融合发展的时代趋势，主动转型改革。一方面不断提高政治站位，发挥主流媒体的舆论引领力；另一方面持续深化体制机制改革，推动自身发展提质升级。以广州日报报业集团（以下简称“广报集团”）为代表的广州传媒业积极探索出了一条富有广州特色的传媒转型发展新路。一是树立平台思维，创新建设融媒体平台。2014年，广报集团率先全国进行了采编序列的改革，在全国传媒业界首先启用媒体融合中央编辑部，首创了“中央厨房”模式的融媒体运行机制和实体机构。这一基于平台思维所开展的产业运作模式创新，成为当年全国报刊业创新十大案例。2015年，广州广播电视台同样着力于传媒平台的建设，通过成立城市交换云平台，搭建出了面向全国城市台媒体的“资源共享厨房”，同时推出“掌中广视”App等方式，方便业界和用户随时接收各类新闻资讯。二是坚持移动优先战略，构建由“报（视）网端微库（智库）院（数据研究院）”组成的媒体融合矩阵。在内容制作和传播模式创新上，广报集团采用“纸媒端+网站端+移动端”相结合的方式，逐渐构建起以《广州日报》、《广州日报》数字报、大洋网、微平台、广州日报App、新花城App、广州日报数据和数字化研究院、信息时报微社区

e家通、南风窗传媒智库等媒体为骨干的聚合型融媒体矩阵。凭借这一聚合型矩阵，《广州日报》在媒体融合起步期就以强劲势头迅速推进优质内容从制作到传播的全流程升级。在传播影响力方面，根据人民网研究院发布的《2016中国媒体融合传播指数报告》，《广州日报》紧随《人民日报》《环球时报》和《参考消息》之后，位列全国报纸媒体融合传播力榜第4位，走在了地方报纸融合传播的第一位。《广州日报》融合传播指数连续多年领跑全国地方党报。[①]在融媒体平台的品牌价值上，根据2021年世界品牌实验室“中国500最具价值品牌”排行榜统计，《广州日报》位列亚洲报业十大品牌第九[②]。在优质融合报道内容制作上，《牢记总书记嘱托，百人畅谈广东五年创新路》被中国报协评为“十九大融合报道十佳案例”；原创MV（音乐短片）《福气广州》获中国报业深度融合发展视频作品一等奖；融媒产品《地球另一边的巴拿马，习主席“不感陌生”，广州人倍觉亲切》获得中宣部阅评表扬。无独有偶，广州广播电视台也以《广州广播电视台推动媒体融合发展工作方案》的制定实施为开端，逐步建立起由“G4媒体融合实验室”“广州国际媒体港全媒体云平台”“中国城市电视融平台”“广视网移动客户端”和广州交通电台微博微信组成的融媒体矩阵，传播效能居全国城市台前列。三是推动组织创新和职能再造，拓展“媒体+”服务。通过对传媒产业运作模式的变革，在实现传媒内容生产传播的基础功能之上，更依托资讯优势成为各行业各领域发展的方案提供方。在平台方案的提供上，广州市辖的各大传媒集团不断拓展“媒体+政务服务商务”的运营模式，主动参与城市综合治理、电子政务、智慧城市等数字化平台建设，运用自身在媒体融合过程中所积累的技术优势，将自有资讯平台与公共服务平台对接，配合地方政府建设一站式的综合信息服务平台。在技术服务的基础上，广州的传媒集团同样重视智慧服务，通过

① 林传凌：《全国党报融合传播力榜单发布，广州日报再度领跑！》，广州日报客户端，2021年12月29日，https://www.gzdaily.cn/site2/pad/content/2021-12/29/content_1738090.html.

② 陈庆辉：《广州日报入选2021亚洲品牌500强》，《广州日报》2021年9月25日。

建立媒体智库的形式，支持城市发展，拓展产业链条。市属媒体先后成立了广州日报数据和数字化研究院（GDI智库）、南风窗传媒智库、广州网络舆情数据研究院等智库机构，主动融入广州市的城市治理研究，进行资讯收集、信息分析、方案制作和智慧支援。四是设立传媒产业园区，以产业先发优势支持上下游企业协同发展。2013年，广州广播电视台下属的广州国际媒体港获批设立“国家级广告产业园区”，通过发挥传媒产业龙头的聚集力，吸引了包括腾讯控股、珠江数码在内的多家优质新媒体企业、互联网企业和传媒设备制造企业入驻产业园区，打造出了一整条传媒产业链。2019年该园区企业全年总产值达500亿元。在2019年开工建设的花果山超高清视频产业特色小镇，同属广州广播电视台旗下。在2020年一期揭牌后，通过设立超高清视频产业专项基金，成立4K超高清电视技术研究中心、广州超高清（4K/8K）产业应用研发中心等举措，该园区迅速集聚了一批超高清产业链上、中、下游企业。2020年，由花果山超高清视频产业特色小镇和广州国际媒体港共同组成的广州超高清视频创新产业示范园区建设被纳入《广州超高清视频创新产业示范园区中长期发展规划（2020—2025年）》当中，成为推进广州布局全球高新视频产业生态，促进产业集群化、链条化发展的重要产业板块。

（二）大力推动动漫产业做大做强

广州的动漫产业起步较早，基础扎实，动漫文化氛围浓厚，对人才的吸引力强大，制作出版的动漫作品，无论在数量还是质量都领先全国。作为中国本土动漫的发源地之一，广州拥有中国动漫第一奖金龙奖，全国漫画发行量第一的漫画公司漫友文化以及中国最大的漫画节——中国国际漫画节等诸多中国动漫领域的第一。广州在扶持动漫产业发展的过程中，聚焦产业要素整合及产业链构建的重要环节，制定目标清晰的政策指引，大力推动广州动漫产业做大做强。

一是精准施策，不断推动动漫产业发展迈上新台阶。进入二十一世纪，中共广州市委、广州市人民政府（以下简称“市委、市政府”）积极谋划，将动漫纳入战略性新兴产业，出台了一系列扶持政策，以园区、企业、作品和人才扶持为抓手，助推广州动漫产业发展。2012年6月，市委、市政府在《广州市国民经济和社会发展第十二个五年规划纲要》中将“创新发展，增强转型动力，大力培育战略性新兴产业”作为发展原则①，同时设立战略性主导产业发展资金，将动漫等众多产业纳入其中予以扶持，部分初创企业和原创作品在扶持下发展迅速。其间，共扶持动漫游戏项目38个，累计安排扶持资金超过3600万元。与此同时，广州高度重视动漫人才和动漫艺术，在“广州思想宣传战线人才库”“广州文艺奖”等重要项目都将动漫人才及动漫项目纳入评选体系。2015年，广州市人民政府着手启动制定第二轮动漫产业扶持战略，第二年就制定出台了《广州市人民政府办公厅关于加快动漫游戏产业发展的意见》，明确将动漫游戏产业作为重要扶持对象，提出包括扶持原创做优做强、推动公共平台建设、鼓励本地企业走出去、鼓励人才引进和培训、优化整体发展环境、落实扶持资金等五大方面的措施②，鼓励广州动漫产业从发行影音制品、周边产品的单一模式向跨界融合发展，推动广州动漫游戏产业转型升级。在2017年出台的《广州市文化广电新闻出版事业发展第十三个五年规划（2016—2020年）》中，广州首次提出打造“动漫之都”战略目标，提出要“发挥广州国家网络游戏动漫产业发展基地的优势，巩固动漫游戏产业在全国的领先地位。推进动漫游戏‘产、学、研’一体化，打造一批实力雄厚、具有较强竞争力的大型动漫游戏龙头企业，培育一批技术先进、专业性强的中小型动漫游戏企业。不断提升技术创新能力，创建一批具有国际影响力的动

---

① 广州市人民政府：《广州市国民经济和社会发展第十二个五年规划纲要》，广州市人民政府门户网站，2011年4月1日，https://www.gz.gov.cn/zwgk/ghjh/fzgh/sew/ghgy/content/post_4759434.html.

② 广州市人民政府办公厅：《广州市人民政府办公厅关于加快动漫游戏产业发展的意见》，广州市人民政府门户网站，2016年11月22日，https://www.gz.gov.cn/zfjgzy/gzsrmzfbgt/zfxxgkml/bmwj/qtwj/content/post_4435754.html.

漫品牌。鼓励版权和品牌授权，开发动漫游戏衍生产品。聚合全球动漫产业高端要素，加强国际推广和产业输出，办好中国国际漫画节，将广州打造成为动漫之都”①。按照新的规划，广州将动漫游戏产业作为“广州创造”的重要抓手，大力支持动漫游戏产业创作内容积极健康、贴近公众需要、弘扬中华民族优秀文化的优秀作品。与此同时，广州也将动漫游戏产业作为广州经济增长的新能级，积极推动形成产业相对完善、结构布局日趋合理、整体技术水平先进、经济效益显著的动漫游戏产业发展格局。当年，广州就落实近3000万元专项扶植资金用于支持全市61家动漫游戏企业的133个项目，这些扶植资金不仅用于支持动画、漫画、游戏制作，还用于支持动漫游戏产业的平台搭建，相关项目授权合作、“走出去”等方面，有力促进了广州动漫产业的融合发展。通过政策引导，支持广州动漫产业发展所需的资源和资本不断流入，动漫企业数量不断增加，发展质量不断提升，形成了包括广州星力动漫游戏产业园在内的多个动漫产业园区。

二是聚力创新发展打造“高峰”“高原”。在文化产业发展不断提质升级的大趋势下，无论是政府还是企业，都更为重视文化品牌的建设与发展。广州动漫产业经过多年发展，产业结构不断优化，产业链日趋完善，运营模式不断成熟，精品意识明显提升，逐渐涌现出一批在全国乃至全球都具有影响力的动漫企业和动漫品牌，以奥飞娱乐股份有限公司、广东咏声动漫股份有限公司、广州漫友文化科技发展有限公司、广东原创动力文化传播有限公司等上市企业为龙头的400多家知名动漫企业品牌享誉国内外。在动画制作与发行方面，由广州本土动漫企业原创推出的《喜羊羊与灰太狼》《超级飞侠》《太空学院》《猪猪侠》《一人之下》《如果历史是一群喵》等动漫精品层出不穷，风行全国。在漫画制作发行方面，广州原创漫画的发行占据全国漫画市场30%以上的份额，广州漫友文化科技发

---

① 广州市人民政府办公厅：《广州市人民政府办公厅关于印发广州市文化广电新闻出版事业发展第十三个五年规划（2016—2020年）的通知》，广州市人民政府门户网站，2017年6月26日，https://www.gz.gov.cn/zfjgzy/gzswhgdlyjyswhgdxwcbj/xxgk/zxgh/content/post_2977241.html.

展有限公司出版的《漫友》是国内最具人气的青少年流行文化期刊和全球发行量最大的华语动漫期刊。截至2020年，广州动漫企业数量超过500家（其中有50多家原创企业）具有覆盖动画电影制作、发行，衍生品设计、制造、销售等各个环节的全产业链条，漫画生产和消费规模均占全国相关领域10%以上的市场份额。

（三）积极培育“文旅+”新业态

作为千年商都，广州开展国际商贸旅游的历史悠久，作为国际化大都市，城市旅游基础资源配套完备。与国内主要旅游城市发展情况对比来看，广州旅游业发展多年位居第一梯队，在旅游增加值、旅游总收入、旅游外汇收入等方面都有不俗成绩。从省内来看，广州旅游业发展水平远高于其他城市，国内游、入境游、旅行社经营情况、旅游总收入等方面都稳居全省第一，旅游发展规模保持高速增长态势。从2012年到2019年的7年时间中，广州的旅游业总收入从1911.09亿元攀升到4454.59亿元，接待过夜旅游人数从4809万人增加到6773万人。旅游基础设施、旅游景点的空间分布逐渐从传统的越秀区、海珠区、荔湾区向全市范围辐射，主题旅游也由传统的商务游逐步向以乡村文化、红色文化、工业文化、岭南文化等为主体的多元化文旅类型发展。

2014年，广州获得国家旅游局批复，成为全国旅游综合改革试点城市。根据相关批复要求，广州成为全国旅游综合改革试点城市，要积极探索市场经济发达地区旅游业发展的新模式和新机制；着力深化旅游领导体制和管理体制改革，提高旅游业的综合协调能力；创新旅游产业发展机制，促进旅游产业融合发展；整合各方面政策和资源，增强旅游业发展合力，为全国旅游业改革创新作出贡献。[①]从2017年至今，广州先后出台了

① 程景伟、朱晋锋：《广州获批中国旅游综合改革试点城市》，中国新闻网，2014年10月24日，https://www.chinanews.com.cn/df/2014/10-24/6715543.shtml.

《广州市旅游业发展第十三个五年规划》和《广州市人民政府关于进一步加快旅游业发展的意见》《广州构建世界级旅游目的地三年行动计划（2021—2023年）》《粤港澳大湾区北部生态文化旅游合作区建设方案》《广州市促进文化和旅游产业高质量发展的若干措施》等政策文件，为广州文旅产业的高质量发展指明了方向。在政策引领下，广州不断加快旅游业供给侧结构性改革，全面实施“文旅+”战略，促进旅游产业融合发展，逐渐把旅游产业培育成为广州战略性支柱产业以及市民的幸福产业。

经过多年耕耘，广州已拥有了多张享誉中外的文旅名片。在乡村旅游方面，广州将“文化游”作为推进全域旅游、实现乡村文旅融合和振兴发展的关键，推出了南粤古驿道线路、美丽乡村游黄金线路等乡村特色旅游线路。在红色文化旅游方面，广州在2019年公布了首批115处红色旅游资源（红色革命遗址）目录，推出6条红色旅游精品线路。在非遗旅游方面，广州将历史文化街区与非遗文化展示相结合，打造出永庆坊非遗街区，在街区内设立非遗大师工作坊，让游客能够在赏与学中领略广府文化魅力。在科技旅游方面，广州依托广州文化设备制造业优势打造的广州国际灯光节，已经成为全球三大国际灯光节之一。除此以外，广州还大力推动各类商业综合体转型升级，打造以文化体验、文化消费为主题的新商贸游。例如，位于天河路商圈的正佳广场早在2011年就被评为AAAA级景区，是全国首家拥有AAAA级景区的室内商场。全面升级改造后的北京路文化旅游区在2017年被评为“世界优秀旅游目的地”，是全省首个、全国第三个全开放的AAAA级景区。正佳广正街非遗工作站于2019年8月揭牌，是当前国内唯一一个购物中心里的非遗工作站。根据中国旅游研究院发布的《2021世界旅游城市蓝皮书》，广州位列“世界游客最向往的中国城市”榜单第3名。2021年，广州入选第一批国家文化和旅游消费试点城市、第一批国家级夜间文化和旅游消费集聚区。广州通过不断抓准大众旅游、假日经济、夜间经济、智慧旅游等旅游发展新机遇，探索出了一条以科技赋能、业态升级融入文旅产业发展，建设全域、全民、全龄、全时世界级旅游目的地的创新发展之路。

二、大力发展引领型文化新产业

文化产业新业态的主要范畴包括发展智慧互联的文化企业，打造文化生产的价值链；发展新型的服务平台链，集聚商业流、信息流和资金流等；发展文化科技研发链，以迭代更新增强产业核心竞争力；发展跨业融合的联动产业链，为相关产业等提供更多的增长动力。[①]环顾全球，新兴文化产业已成为各国引领国家产业结构调整和创新发展的重要力量。大力发展引领型文化新产业，是广州培育文化产业新增长点的重要途径，更是广州建设世界文化名城的重要抓手。

（一）移动应用产业发展领跑全国

一是社交媒体应用蓬勃发展。社交媒体作为移动互联网领域用户量和应用率最高的产品类型，不仅深刻地改变了互联网，甚至改变了人们获取资讯，进行人际交往的方式。在中国，微信，这个由腾讯广州研发部开发的移动社交应用，经过十年发展，已经成为领跑全球的国际级社交媒体应用软件。从2011年微信开发上线以来，仅用了不到5年时间，其使用者数量就超过10亿人，截至2021年，微信及其海外版客户端WeChat的合并月活跃账户数达到了12.68亿[②]，微信所开发的微信支付、城市服务等技术为人们的生活提供了极大便利，也使微信从早期的即时通信工具演变成为一种数字化生活平台。在微信之外，成立于广州的UC（优视科技）、YY语音（津虹网络传媒）、虎牙信息科技、趣丸网络科技等移动应用企业也逐渐成长为国际行业巨头，根据数据公司艾媒咨询（iiMedia Research）发布

---

① 花建：《互联互通背景下的文化产业新业态》，《北京联合大学学报（人文社会科学版）》2015年第13期。

② 腾讯控股：《腾讯公布2021年第四季度及全年业绩》，腾讯网，2022年3月23日，https://static.www.tencent.com/uploads/2022/03/23/cd1fcbdc7ba47fd0ac523ccc4f9daf7b.pdf.

的《2018—2019中国手机浏览器市场年度监测报告》，UC浏览器成为国内市场占有率最高的手机浏览器。在国际市场上，根据全球知名的网络流量监测机构StatCounter的数据，UC已经成为全球排名前三的移动浏览器。在中国互联网协会发布的《中国互联网企业综合实力指数（2021）》报告当中，包括津虹网络传媒、虎牙信息科技、趣丸网络科技等在内的多家广州本土企业位列中国互联网综合实力前百家企业榜单。[①]

二是数字音乐产业成为国内龙头。数字音乐，是指运用数字技术进行制作、存储、复制，并通过互联网、移动网络以及电信增值业务等方式进行传播、消费的非物质形态的音乐。广州作为中国“流行音乐的发源地”，在传统音乐产业向数字音乐产业转型升级的过程中，紧抓机遇，诞生了中国第一个数字音乐平台——酷狗音乐。随后，广州开始探索建立由视频直播、音乐移动播放、在线电台、在线游戏制作、实体演艺剧院、偶像专属剧场等平台组成的多元数字音乐生态体系。在此过程中，酷狗、荔支等广州本土的数字音乐企业，较早地开始通过数字音乐直播、原创音乐人扶持、智能音乐硬件开发和音乐文创等方式，打通音乐产业的上下游，突破数字音乐发展瓶颈，逐渐形成了完整的“听看唱玩”泛音乐娱乐生态产业链。根据艾瑞、艾媒、易观等数据分析平台统计，自2015开始，酷狗音乐就长期占据在线音乐移动App用户活跃度第一的位置，在线音乐行业月活跃用户规模数领先优势明显。2017年，酷狗成为入选“中国互联网企业100强”榜单中唯一的数字音乐企业，多次获得国家版权示范单位、广东省知识产权示范单位、广州市创新标杆企业等荣誉称号。继酷狗之后，荔枝FM（后改名为荔枝）于2013年在广州成立，相较于酷狗，荔枝FM将UGC（用户生产内容）作为自己的核心竞争力，创造了基于声音互动的音乐社交。2020年1月，荔枝在美国纳斯达克上市，成为中国在线音频第一股。在产业布局上，荔枝也逐渐跃升为集合了音乐、有声书、脱口秀、娱乐资讯、广

① 中国互联网协会：《中国互联网企业综合实力指数（2021）》，中国互联网协会门户网站，2021年11月26日，https://www.isc.org.cn/resource/editor/attached/file/20211126/20211126153906_76073.pdf.

播剧等丰富文化产品的国内在线音频较大平台之一。除此以外，近年来，广州还涌现出天翼爱音乐、沃音乐等多个国内知名的数字音乐企业。与此同时，广州也较早布局音乐产业园区建设，国家音乐产业基地（广州园区）、羊城创意产业园、星海艺术产业园等音乐产业园区陆续建成。广州作为中国数字音乐产业的重镇，已经率先在音乐直播、智能音乐硬件、音乐版权服务等数字音乐领域取得重要突破。

（二）数字创意产业发展成效显著

数字创意产业是以文化创意为内容，依托数字技术进行创作、生产、传播和服务的产业。具体包括游戏、动漫、电竞、直播、数字设计等业态。近年来，广州根据《粤港澳大湾区发展规划纲要》和《国家数字经济创新发展试验区实施方案》要求，加快数字创业产业的创新发展。截至2019年底，广州数字创意产业营收突破千亿，多项细分领域稳定发展稳居全国前列。[①]

一是游戏产业领先全国。作为全国游戏企业集聚度较高的城市之一，从2016年到2019年，广州规上游戏产业增加值的年均名义增长率达到38.0%，远高于同期全市生产总值的年均名义增长率（8.0%）。广州头部游戏企业众多，游戏上市公司达14家，占广州文化产业上市公司的比重约为1/3。截至2020年，广州共有游戏企业近3000家，员工规模超过200人以上的中大型游戏企业超过40家。聚集了网易、三七互娱、星辉天拓、多益网络等多家头部游戏企业，孵化出YY直播、虎牙直播、网易CC直播三大知名直播平台，培育了“梦幻西游”“神武”“阴阳师”“永恒纪元”等多个国内游戏品牌，除此以外，还有包括易幻（Efun）、4399、天游（Eskyfun）、点盛（Eyougame）等游戏企业专注海外市场，发展不俗。截

① 《广州数字创意产业 营收突破千亿元》，“广州改革”公众号，2020年8月3日，https://mp.weixin.qq.com/s/I0iP-yNOeHzD8vTNb5_n2g.

至2020年，广州游戏产业营收突破千亿规模，达到1066.44亿元，产业增速跑赢全国平均增速，游戏产业营收占全国游戏产业营收约40%。在游戏产业营收排名前10的企业中，有4家在广州。无论是游戏企业研发竞争力、上市游戏企业竞争力还是非上市游戏企业竞争力方面，广州的游戏企业在全国游戏产业链中都占据着重要位置，稳居全国游戏产业第一阵营。

二是电竞生态逐步完善。电竞产业是跨领域、跨行业的产业。广州通过支持电竞产业发展，将电竞产业与商业、科技、旅游等众多领域深度融合，推动电竞产业与“直播电商之都”“科技创新强市”“文化强市”“现代服务业强市”等战略相配合，带动更多产业发展。

得益于广州游戏产业链持续向上下游延伸，广州成为国内电竞赛事起步较早的城市之一。至今已形成较为完善的电竞生态体系，涵盖游戏研发、内容运营、赛事运营、游戏运营、电竞投资、电竞直播、电竞场馆、电竞衍生产品、电竞电商等各产业环节。在电竞战队方面，“广州TTG战队”以优秀成绩晋级2020年王者荣耀世界冠军杯（KCC），在世冠赛中挺进8强，代表广州电竞亮相国际舞台。虎牙作为中国游戏直播第一股，一直都在布局电竞领域，创办自制赛事等，是拥有英雄联盟四大赛区直播权的直播平台。在电竞游戏游艺设备方面，广州占有国内70%以上和国际30%左右的市场份额。在电竞园区方面，广州已拥有广州云湖竞城、广州数字创意体验中心（电竞生活馆）、广州大湾区数字娱乐产业园、花都数字文化创意产业园等多个园区。

三是网络直播产业处于全国第一梯队。随着移动互联网和电子商务市场的快速发展，我国直播平台和App如雨后春笋般激增，网络直播行业发展迅猛。基于辐射全国的专业批发市场以及联通全球的220多个国家和地区的贸易网络，为广州的网络直播产业，尤其是直播电商领域发展提供了“前播后产”的便利条件。为此，广州先后出台了《广州市直播电商发展行动方案（2020－2022年）》（以下简称《行动方案》）和《广州市直播电商十一条措施指引汇编》，大力发展直播电商，将直播电商作为推动广州商贸业提质升级的重要助推剂。在《行动方案》中，广州提出了“个十百千万”工程，即到2022年，构建1批直播电商产业集聚区、扶持10家具有示范带动作用的头部直播机构、培育100家有影响力的MCN（多频道网络）机构、孵化1000个网红品牌（企业名牌、产地品牌、产品品牌、新品等）、培训10000名带货达人，并从加强顶层设计、打造产业集群、构建人才支撑体系等5个方面，制定了16条政策措施，推进相关工作开展，力求通过三年时间将广州打造成为全国著名的直播电商之都。从2020年开始，广州策划举办了包括“广州直播带货年”、直播节（中国·广州）、直播电商产业年会（中国·广州）等一系列大型活动，为直播电商营造了良好的发展氛围。在2020年首届广州直播电商节中，吸引了80多家MCN机构参与，上播商品品类超过10万，合计开播超过20万场，助推广州全年实物商品网上零售额达到1937.42亿元，逆势增长32.5%，远超全国增幅，占社会消费品零售总额的百分比从2019年的13.9%提升到21%。淘宝直播联合淘榜单发布的“2020十大直播之城”和淘榜单数据显示，广州的商家直播数量排名第一，商家直播成交量同比增长97%。2021年，广州白云区、天河区、番禺区等9个市辖区进入全国直播电商百强地区榜，排名全国第一。其中白云区、天河区、番禺区、荔湾区均进入百强地区前20强。①

（三）文化产业园区集群效应凸显

数字文化产业园是推动文化产业数字化转型的重要载体。数字文化产业园以数字文化产业为核心，打造数字文化研发基地、沉浸式体验中心、数字文化研究院、产业孵化器、影视文创制作基地及电竞场馆等产业内容。产业园区也能够通过产业集群，为集聚数字文化企业、发挥数字文化产业规模优势提供条件。

广州的数字文化产业一直走在全国前列，产业园区建设方面也同样起

① 中国市场学会、阿里研究院、淘宝直播ON MAP：《直播电商发展区域指数研究报告》，2021年3月15日，https://www.lmtw.com/d/file/sm/Zhece/20210315/fda812002750d671f975da44ecbd68d7.pdf.

步较早。在规模质量上，广州的文化产业园区发展领跑全国。近年来，文化产业园区建设发展突飞猛进。截至2021年，广州共有文化产业园区（基地）超过220个，其中国家级文化产业园区（基地）有22个，省级文化产业园区有20个，市级文化产业示范园区有41个。在文化产业园区生态建设上，广州的文化产业园区发展也呈现出类型丰富、集聚效应显著的特质。广州的文化园区建设尤其重视产业链生态企业的布局，一方面在引入相关企业时就考虑业态配比，另一方面还通过对入驻企业提供孵化服务，培育完善的园区业态。通过在园区或集聚区范围内延伸产业链条的方式，增强产业园区的集聚效应，推动特色产业集群发展。从文化产业类型上看，广州已经形成了由创意设计、动漫游戏、广播电视电影服务、文化设备生产等头部特色产业园区组成的文化产业园区体系。

以作为国家文化出口基地和国家文化产业示范基地的羊城创意产业园为例。在区内企业的引育方面，该园区一直坚持以引进拥有数字文化内容原创生产力的企业为主方向，经过多年积淀，集聚了包括酷狗音乐、荔支、金山西山居、网易CC直播等130余家数字音乐、网络直播、游戏动漫领域龙头企业。在此基础之上，积极推动园区文化强企释放引领力，通过网络直播、数字娱乐体验馆、在线音频电台及线上线下演艺剧场等形式，助力园区内企业交流共建，推动优秀原创文化内容的生产与传播。与此同时，园区还推动各企业之间形成合力，加速VR/AR（虚拟现实/增强现实）、游戏交互引擎、数字特效、全息成像、裸眼3D（三维）等关键核心应用技术的集中攻关，持续催生一批新技术、新模式、新业态。

在聚焦提升文化产业园区发展能级的同时，广州还积极发挥文化产业园区对大湾区文化交融的推进作用，为港澳地区的文化研究机构、文化创意团队和文化企业来穗发展制定专门配套政策，近年来先后建成南沙资讯科技园、中大南沙科技创新产业园、卓才CIC2青年创新创业园等文化产业园区，启动港澳青年创新创业基地建设，引进英皇娱乐大湾区总部，使广州集聚了大量港澳文化人才和文创企业，为服务港澳、推进大湾区文化产业集群发展提供了重要支撑。

三、推动实施文化融合发展战略

文化产业融合是以文化为主导要素，作用于产业之间融合过程的融合方式。通过文化产业融合，文化企业依靠文化创意要素渗透其他产业的生产过程中，经过业务、组织管理和市场等资源的整合，实现增加相关产业文化含量，延伸文化产业链，提高产业附加值的目的。这既是加快发展文化产业，推动文化产业成为国民经济支柱性产业的必然要求，也是转变产业经济发展方式，实现相关产业升级的迫切需要。整体来看，近年来广州的文化融合的总体发展保持向好态势，政策扶持体系不断完善，发展主体持续壮大，本土海外双线需求增长。

（一）文化融合基础优势显著

一是文化产业发展迅猛。公开报道资料显示，2014年，广州文化产业实现增加值849.34亿元，占地区生产总值比例达到5.08%，文化产业首次迈入广州支柱性产业队列，并在随后的数年时间，保持高速增长态势。2016年至2019年期间，广州文化产业增加值年均增速高达15%，远高于同时期全市GDP的年均增速。截至2021年，广州全市共有7.44万家文化企业，其中文化产业规模以上的文化企业单位数量达到3074个：100亿元以上规模文化企业有7家；50亿～100亿元规模文化企业有5家；10亿～50亿元规模文化企业有57家。

二是文化产业对外贸易稳步提升。广州自古就是中国对外贸易重镇。近年来，广州文化产品对外贸易发展势头同样成绩斐然，为全市进出口贸易作出了突出贡献。相关数据显示，2011年以来，广州全市文化产业主要商品进出口额占全市进出口总额的比重一直呈上升趋势。2016年，全市文化产业进出口总额达130.48亿美元，占全市进出口总额的10.09%。到2019年，广州文化进出口总额超242.01亿美元，增幅显著。与此同时，广州的文化企业也不断整合资源，创新推广，积极拓展“出海渠道”，实现企业“走出去”，网易、唯品会、欢聚时代、云游控股文化企业纷纷在海外交易所上市。

三是营商环境建设成果瞩目。广州作为千年商都和改革开放的前沿地，历来重视商贸环境的打造。近年来，广州不断通过商事登记改革等举措，推动营造市场化、法治化、国际化营商环境建设。从2011年开始，多次荣登《福布斯》中国大陆最佳商业城市榜首，多次被评选为中国最受欢迎的投资城市，在多个营商环境评价报告中位列全国第一或全球前列。“十三五”期间，广州在营商环境综合改革试点中闯关探路、攻城拔寨。以广州市黄埔区、广州开发区获批成为广东首个营商环境改革创新实验区为契机，持续迭代实施营商环境1.0到4.0改革，1.0改革聚焦行政审批领域“简政放权”；2.0改革瞄准重点领域推进“指标攻坚”；3.0改革着力实施行政审批跨部门“流程再造”；4.0改革以“绣花”功夫全方位提升政府管理服务水平。通过一系列改革创举，全球企业对广州的信心持续增强。数据显示，截至2021年，广州市场主体突破300万户，高新技术企业突破1.2万家，在穗投资世界500强企业增至330家；广州民营经济增加值、社会消费品零售总额、商品进出口总额均超万亿元。

（二）深化文化科技融合发展

广州将积极推进文化与科技融合发展作为加快发展文化产业的重要举措。早在《中共中央关于深化文化体制改革推动社会主义文化大发展大繁荣若干重大问题的决定》中就提出了文化和科技相互作用，重大文化科技项目纳入国家科技发展规划的思路。随后，《国家创新驱动发展战略纲要》《国家文化科技创新工程纲要》《文化部“十三五”时期文化科技创新规划》《关于促进文化和科技深度融合的指导意见》等文件先后出台，确立了文化与科技融合的战略思想，加大了对文化与科技融合的支持力度。广州在《广州建设文化强市培育世界文化名城规划纲要（2011—2020

年）》中提出要“促进文化与现代科技融合”，强调运用高新技术手段做大做强传统优势产业、做强广告业、提升文化设备制造业，建设“网游动漫之都”，推动建设“数字家庭”，把新媒体产业培育成为全市文化产业的重要增长极。这标志着广州文化与科技融合发展战略设计和布局的确立。在此战略指引下，广州不断加大文化产业的政策引导和资金支持，高度重视新技术对文化产业融合创新发展的巨大作用，尤其在文化与“互联网+”产业的融合发展方面持续加力，使得广州的文化产业与科技产业的融合发展成为一大亮点。从2012年开始，广州陆续出台了《广州市战略性新兴产业第十三个五年发展规划（2016—2020年）》《中共广州市委、广州市人民政府关于推进科技创新工程的实施意见》《广州市加快移动互联网产业发展的意见》《广州市科技创新促进条例》《广州市科学技术奖励办法》《广州市加快推进传统媒体和新兴媒体融合发展行动方案》《广州市人民政府办公厅关于加快文化产业创新发展的实施意见》等重要文件，从顶层设计上对促进文化与科技融合发展作出政策安排，全市各区纷纷出台包括“风投10条”“美玉10条”“金融10条”“文创10条1.0”“文旅10条2.0”“新型显示产业10条”“新基建10条”“5G产业化10条”“电竞游戏双10条”等覆盖文化创意产业链各环节的扶持奖励政策，扶持力度和覆盖面全省领先，也激发了全市文化企业科技创新的热情，催生出一批数字技术引领带动的文化创意企业。在2021年评选的全市文化企业30强中，科技类文化企业占比超过60%。

广州文化科技融合发展的提速，还推动了广州文化科技融合产业平台的迅速发展。2014年，广州高新区被科技部等部门认定为“国家级文化科技融合示范基地”。该示范基地汇聚了励丰文化科技、多益网络、天翼爱音乐、酷漫居等为代表的文化科技企业，不断创新涌现数字文化体验、网络游戏、智慧文博、数字音乐、智能家居等产业新业态。如广州励丰文化科技股份有限公司，掌握全息幻影成像技术、虚拟现实VR/AR技术、3D光雕投影技术、沉浸式环境交互技术等高端技术，并广泛应用于重大文旅项目产业实践；广州欧科信息技术股份有限公司，专注文化遗产的数字保护与传承，探索三维扫描、增强现实、虚拟展示、大数据等高新技术在文化遗产多维信息记录、智慧管理、活化传承等方面的应用，推进文博产业的信息化和数字资源整合进程。此外，广州还有黄花岗科技园、TCL文化产业园、毅昌创意产业园、广东地理科技与文化创新创意产业园、花果山超高清视频产业特色小镇等文化科技园区；广东文投创工场、氪空间、广科创客梦工场、广州创新谷、科创咖啡、创大创客空间等国家级众创空间。截至2021年，广州已经获批4家国家级文化和科技融合示范基地。

（三）促进文化金融融合发展

文化产业作为轻资产产业，其发展需要金融产业的大力支持。金融产业在为文化产业提供投融资的过程中，也推动了自身运作模式和投融资产品的创新，两者相结合而形成的文化金融产业，成了当今城市经济发展中崛起的新增长点。2014年，文化部、中国人民银行、财政部联合印发了《关于深入推进文化金融合作的意见》，提出要创新文化金融体制机制，从文化和金融融合的角度来推动文化产业发展，使文化产业发挥更大作用。该文件指出，要探索支持小微文化企业发展和文化创意人才创业的金融服务新模式；加快推进文化企业直接融资，支持具备高成长性的中小文化企业拓宽融资渠道。党的十九大也提出要“健全现代文化产业体系和市场体系，创新生产经营机制，完善文化经济政策，培育新型文化业态”[①]。广州高度重视文化产业与金融产业的融合发展，也相继出台了《广州市构建现代服务金融体系三年行动计划（2016—2018年）》《广州市推进文化金融融合发展的实施意见》等一系列政策文件，提出要加强文化创意和设计服务企业与广州基金等金融机构的对接，引导风险投资基金加大支持力度，着力构建多层次、多渠道、多元化的产业投融资体系。“文化+金融”成为广州文化产业发展亮点和重要成果。

---

① 习近平：《习近平谈治国理政》（第三卷），外文出版社2020年版，第34页。

在政府层面，广州先后组建文化上市企业联盟、广州文化投资有限公司、文化金融服务中心，并积极争取粤港澳大湾区文化产业投资基金落户广州。2017年，广州市文化金融服务中心注册成立并投入运作。该中心主要聚焦于为文化企业和金融机构的合作发展提供专业服务。2018年，《广州市创建国家文化与金融合作示范区筹备工作方案》正式印发，海珠区、黄埔区、越秀区等区积极响应，纷纷成立区级文化金融服务中心，通过搭建平台，聚焦文化企业和金融企业的对接，实现文化企业与金融企业之间的高频互动，密切合作。2020年，广州市城市建设投资集团有限公司出资控股的粤港澳大湾区文化产业投资基金管理有限公司（以下简称“湾区文化基金”）成立，并迅速推动了粤港澳大湾区文化产业投资基金落地。截至2022年3月底，湾区文化基金已储备了一批优质项目，包括文化科技类、文化消费类、文化旅游类、教育培训类、影视动漫类等项目200余个，拟投资总金额近22亿元。

在社会层面，各文化产业的龙头企业和行业协会也纷纷成立或参与投资文化产业投资基金。2015年，由广州珠广传媒股份有限公司、广州证券创新投资管理有限公司、珠海广证珠江文化投资管理有限公司共同发起设立的广州市广证珠广传媒股份投资基金，规模为60亿元；2016年，由广州越秀产业投资基金管理股份有限公司、珠江电影集团共同发起设立的广州珠影越秀影视文化产业发展投资基金，规模为50亿元；2017年，由广州众悦电影金融公司与广州城发投资基金管理有限公司共同发起设立电影文化产业类基金，规模为50亿元。除此以外，奥飞动漫、粤传媒、珠江钢琴等龙头企业也分别设立了针对文化产业的基金项目。2017年，广州9大文化产业类基金共同发起组建了“广州文化产业投融资联盟”参与组织广州重要的文化活动和产业活动，首批联盟参与机构设立和拟设立的基金总规模超过500亿元。

四、增强市场活力扩大文化消费

文化消费是人们解决衣食住行等基本温饱后的一种更高层面的消费活动。习近平总书记在党的十九大报告中指出："中国特色社会主义进入新时代，我国社会主要矛盾已经转化为人民日益增长的美好生活需要和不平衡不充分的发展之间的矛盾。"[①]"美好生活的需要"就是指人民进入新时代后，对过上更高水准的生活有了更多期盼。所谓更高水准的生活，最根本的指向就是在物质生活需要满足后对精神层次的追求。广州作为中国经济最为发达的城市之一，城镇居民收入水平一直位于全国前列，文化消费增长势头日益强劲。2016年，广州成为中国第一批国家文化消费试点城市，这既是对广州文化消费实力和活力的认可，也是对广州文化消费提质升级提出新的要求。

（一）文化消费处于全国前列

在2012年到2020年间，广州城市居民恩格尔系数由34.0%下降到32.4%，农村居民恩格尔系数由44.5%下降到38.8%。"十三五"期间城乡居民恩格尔系数保持在30%～40%之间，稳定在相对富裕水平。2021年，广州市人均地区生产总值达到150366元，增长6.7%[②]，已经接近中等发达国家水平，广州全年城镇居民人均可支配收入74416元，增长8.9%；农村居民人均可支配收入34533元，增长10.4%。其中城镇居民的人均可支配收入，是全国平均水平的两倍。

位居全国前列的经济发展水平，也带来了广州人对于文化生活品质需求的全面提升。广州在电影、电视、音乐、传媒等领域的发展历来开风气

① 习近平：《习近平谈治国理政》（第三卷），外文出版社2020年版，第9页。

② 广州市统计局、国家统计局广州调查队：《2021年广州市国民经济和社会发展统计公报》，《广州日报》2022年3月27日。

之先河。伴随着文化体制改革进程不断向深向前发展，广州进一步大力引育数字娱乐、网络文化、演艺资源等新兴产业，使广州在文化产业方面迅猛发展，文化建设成效明显，文化生产和供给势头强劲。

与我国其他城市居民的消费相比，广州城市居民消费中对文化生活品质方面的消费一直占比较高，广州居民家庭人均教育文化娱乐支出一直处于全国前列。广州城市居民家庭人均文化娱乐消费支出随着收入水平的提高也不断同步增加，在2012年到2019年期间，文娱类消费支出从4020.59元逐步提高到5652元，相关消费占总消费比重由13.2%稳定增长至13.6%。城市居民家庭人均文化娱乐消费支出自2012年以来，一直保持在全国平均水平2.5倍以上的水平，相关数据在国内各大城市中常年居于前列。从城市居民家庭人均文化教育娱乐消费支出内部结构来看，文化教育娱乐用品支出和文化教育娱乐消费支出的比例多年以来都维持在2：8水平，显示出广州市城市居民的文化消费主要用于购买文化服务，较为重视满足精神层面的需求。广州雄厚的文化消费实力，直接推动了广州文化市场的繁荣，以图书、演出、电影市场的消费情况为例，十年来广州市民购买图书（纸质+电子）消费支出年均增长5%。2020年度《广东省全民阅读指数报告》显示，广州的全民阅读指数持续领跑全省，在广东省21个城市中排名稳居第一。在演出市场发展上，广州已成为国内演出市场的“第三极”，仅广州大剧院自2010年5月开业至2021年5月就接待了超过1400个中外艺术院团和32000多名艺术家在此演出，每年上演各类知名作品、演出近400场，这也使得广州大剧院能够跻身“世界十大歌剧院”榜单，也见证了广州高端文化需求的爆发性增长。在电影消费市场方面，广州的电影票房收入多年来位居全国前列，据统计，早在2016年，广州观众观看纪录片的总时长就已经超过了北京和上海，位居全国第一。截至2019年，广州共有电影院255家，电影厅1495间、银幕1849块、超过20万张观众席。2019年，广州电影总票房达23.82亿元，同比增长13.8%，位居全国城市票房榜第四，全国观影人次排名前十的院线中有3家来自广州。

（二）推进文化基础设施建设

文化基础设施是促进文化新消费的重要载体。广州大力推进文化基础设施的建设，不断加大文化基础设施建设投入，为激发文化消费提供了坚实保障。“十三五”期间，广州持续强化对公共文化服务体系的顶层设计，为文化基础设计建设提供制度保障，先后出台《广州市加快构建现代公共文化服务体系的实施意见》《广州市“图书馆之城”建设规划（2015—2020）》《广州市公共图书馆、文化馆总分馆服务体系建设试点方案》等文件，除此以外，广州还印发《广州市公共图书馆服务规范》《广州市公共图书馆第三方评估管理办法》《广州市公共文化设施管理办法》《广州市文化馆、站（室）服务规范》《广州市文化馆、站（室）第三方评估管理办法》，制定《公共图书馆服务质量规范》《公共图书馆通借通还技术规范》等公共文化服务行业标准。近年来，广州在文化基础设施建设方面硕果累累，先后建成开放广州大剧院、广东省博物馆、广州图书馆、南越王宫博物馆、粤剧艺术博物馆、十三行博物馆、南粤先贤馆等一批体现城市特色和时代精神的现代化标志性文化设施。“十三五”期间开工建设南汉二陵博物馆、广州美术馆、广州文化馆、广州粤剧院、广州海事博物馆等一批大型文化设施。截至2019年，广州拥有区级及以上各类公共文化设施共195处，其中有图书馆24个，博物馆64个，文化馆17个，美术馆18个，剧院23个，科技馆6个，文化宫（青少年宫）29个，档案馆、规划展览馆14个；170个镇（街）均建有综合文化站，建成社区（村）综合性文化服务中心2716个，全市1144个行政村综合性文化服务中心覆盖率达100%。基本实现居民5至10分钟步行范围内，有较完善的公共文化服务设施。2019年，全市各级文化馆、站开展惠民活动28811场，参与群众达892万人次；全市公共图书馆开展惠民活动17921场，参与群众达692.7万人次；广州市属博物馆、纪念馆接待观众任务超过827.84万人次，总共举办了166个展览，举办活动（含讲座）1794场，流动展览254个，红色文化讲堂425场。

（三）提升文化供给服务水平

一是提升高品质文艺产品供给水平。近年来，广州不断加大对以粤剧、粤曲、岭南文学、岭南画派、岭南雕塑为载体的文艺创作工作的支持力度，出品了一系列口碑和效益双丰收的高品质艺术精品。广州歌舞剧院原创的音乐剧《西关小姐》和广州粤剧团创编的粤剧《碉楼》登台后广受市场追捧，连演百余场；舞剧《醒·狮》获第十一届中国舞蹈“荷花奖”舞剧奖和第十六届中国文华奖提名奖，电影《点点星光》《掬水月在手》获中国电影金鸡奖，芭蕾舞剧《浩然铁军》入选“荷花奖”终评，杂技《升降软钢丝》荣获第41届法兰西共和国总统奖，《广州故事》等9部作品获得广东省第十一届精神文明建设“五个一工程”奖。《帆影：广州海上丝绸之路千年纪实》等60多篇文集作品完成创编，150余件美术作品入选国家、省和市级重要美术展览活动和节展。

二是提升文化活动普惠性。近年来，广州持续加大对“羊城之夏”市民文化节系列活动、南国书香节、广州民俗文化节等品牌节庆活动的扶持力度，对广州市属演出企业设置票价补贴、剧场运营补贴等优惠方式，为市民游客提供优惠或免费的文化服务。同时不定期推出各类免费票、优惠票、消费券等文化消费惠民措施，吸引市民与游客，培育文化消费群体，提升文化消费张力。2020年新冠肺炎疫情以来，广州更通过组织“留穗过年”“留穗过节”文化惠民活动，发放广州文旅惠民消费券等形式，提升广州文化活动的普惠性。

三是不断完善消费教育和维权机制。在消费教育方面，广州持续推进消费信息和消费警示的进社区、进高校、进市场、进景区、进企业“五进”模式，帮助消费主体建立消费维权意识，多措并举引导消费者科学、合理消费，推动企业守法自律，把消费纠纷化解在源头。在维权机制方面，通过持续完善市场监管领域的协作共管工作机制、多元化社会监管体系建设，推动行政执法体制改革等，建立基于“大消保”理念下的消费维权协作网络，设立跨部门联席会议制度，协调解决消费者保护工作中的重大问题和重大消费事件。截至2019年，已成立包括广州市发展和改革委员会、市教育局等26个单位为成员单位的“消费者权益保护工作部门间联席会议制度”，针对影响群众消费的突出问题，加大市场重点行业、重点领域、重点行为的事中、事后监管力度。同时，实施消费维权工作的“五进”工程，推动“12315”消费维权服务站进商场、进超市、进市场、进企业、进景区，帮助消费者就近、快速维权。在完善线下维权渠道之外，还通过将消费维权投诉热线整合到“12345”政府服务热线，建设ODR（在线消费纠纷解决）企业等方式，完善消费者投诉渠道。截至2021年，广州已发展放心消费承诺单位2087家、线下七天无理由退货承诺店313家，建设消费维权服务站1032家、“12345”热线消费维权话务队列665人、ODR企业92家。

第六章

推动文化繁荣兴盛

文化是一个国家、一个民族的灵魂，也是一个城市的灵魂。文化自信是更基础、更广泛、更深厚的自信，是一个国家、一个民族和一个城市发展中更基本、更深沉、更持久的力量。在全球化背景下，文化综合实力的提升越来越成为一个城市发展的核心竞争力。为此，党的十八大以来，广州坚持社会主义精神文明和物质文明协调发展，以提升城市文化综合实力为主要抓手，充分激发文化创新创造活力，着力推动文化繁荣兴盛，不断增强国家中心城市的文化引领功能。

一、文化体制改革不断走向深入

党的十八大以来，习近平总书记对加强社会主义文化建设、铸就中华文化新辉煌提出了一系列新思想、新论断和新要求，为新时代深化文化体制改革指明了方向，提供了遵循。广州在两次被评为“全国文化体制改革先进地区”的基础上，持续推动文化体制改革走向深入，以“加大力度、巩固提高、深化拓展、攻坚克难、科学发展”为改革发展导向，努力在新起点上为实现文化繁荣兴盛提供动力、活力与保障。

（一）完善文化管理体制

在改革开放过程中，广州的文化体制改革一直走在全国前列，陆续出台了《中共广州市委、广州市人民政府关于继续解放思想、深化文化体制改革、推动文化事业和文化产业加快发展的决定》《广州市全面推进文化事业单位改革的意见》《市属文艺院团经费综合定额包干管理办法》《广州市属媒体与文艺院团定向合作办法》等文件，推动文化体制改革工作全面展开。先从推动文化艺术院团内部的体制改革（包括领导体制、管理体制、分配体制等方面的改革）开始探索，目的在于充分调动积极性、主动性和创造性，促进艺术生产力和艺术创作的发展。其后，以区别对待、分类指导为原则，进一步深化对文化事业单位的改革。比如，对公益性文化事业单位（包括各级图书馆、文化馆、博物馆、纪念馆、群艺馆等）的改革，采用全员聘用、岗位工资、业绩考核、项目负责等办法引入竞争和激励机制，以增强公共文化服务效能；对市属国有经营性文化单位（包括放映、演出、美术、文化发展公司、文化发行、印刷企业、电视剧和娱乐节目制作等）的改革，全部实行转企改制、市场化运作。在推动文化体制改革过程中，文化行政管理部门的职能也相应发生一系列深刻变化，实现“由‘办文化’向‘管文化’转变，由主要管理直属单位向社会管理转变，由行政管理为主向行政、法规、经济等综合管理转变”①，文化宏观管理体制逐步确立。

党的十八大以来，习近平总书记从实现中华民族伟大复兴中国梦的高度对文化建设提出了一系列重要论述，并从中国特色社会主义进入新时代的新历史方位，把加强文化建设纳入“五位一体”总体布局，对全面深化文化体制改革进行顶层设计。尤其，2014年中央全面深化改革领导小组通过了《深化文化体制改革实施方案》，提出深化文化体制改革要与全面深化改革其他各个领域协调推进；明确要求传统的文化行政部门要由办文化向管文化、由管微观向管宏观的“现代行政”转身；同时，要求狠抓落实，确保各项改革任务能落地、见实效。由此标志新一轮文化体制改革进入全面实施阶段。

广州深入学习领会习近平总书记关于加强文化建设重要论述的精神，认真贯彻落实党中央关于全面深化文化体制改革的系列决策部署，不断改革和完善文化管理体制，努力在新的起点上不断推动文化体制改革的创新实践走向深入、取得实效。2015年，广州出台《广州市深化文化体制改革实施方案》，明确深化文化体制改革是新形势下推动文化发展的新任务和

---

① 曹光章：《新一届党中央推进文化体制改革的新发展》，《毛泽东邓小平理论研究》2017年第9期。

新要求，是提高广州城市文化软实力的客观要求，因而要进一步增强大局意识、责任意识和改革意识，以培育和践行社会主义核心价值观为根本，始终坚持社会主义文化前进方向，先行先试、大胆创新，要着力抓住“完善文化管理体制”和“深化国有文化单位改革”这两个关键环节，使文化体制改革在新的起点上开拓前进、扎实推进、全面深化。

在全面深化文化管理体制的改革过程中，广州不断完善文化管理部门的机构与职能设置，着力构建系统完备、科学规范、运行高效的管理体系。2018年12月30日，经中央编委备案通过，中共广东省委、广东省人民政府批复《广州市机构改革方案》。2019年1月9日，中共广州市委十一届七次全会落实党中央关于地方机构改革和省委关于深化市县机构改革工作部署要求，传达学习方案，对全市深化机构改革工作进行动员部署、推动落实，标志广州新的机构改革进入全面实施阶段。机构改革后，共设置市级党政机构53个（其中党委机构16个、政府工作部门37个），市、区主要机构设置同中央和省基本对应，确保党中央集中统一领导和国家法制统一、政令统一、市场统一。同时，根据广州实际，因地制宜设置部分机构和配置职能，在严格做好规定动作的同时，做好自选动作。

此次改革机构设置、优化职能配置，坚持一类事情原则上由一个部门统筹、一件事情原则上由一个部门负责，以深化转职能、转方式、转作风，提高效率效能。机构改革之后，中共广州市委宣传部［加挂广州市新闻出版局（广州市版权局）牌子］主管意识形态、理论学习、宣传思想、对外宣传等工作，以及统一管理新闻出版和电影工作；将广州市文化广电新闻出版局的文化、广播电视管理职责以及广州市旅游局的职责整合而组建的广州市文化广电旅游局，加挂广州市文物局牌子，统筹文化事业、文化产业发展和旅游资源开发等工作；同时，深化文化市场综合执法体制改革，广州市文化广电旅游局内设执法监督机构，区级文化广电旅游主管部门设文化市场综合执法机构。这一改革推动实现机构优化整合、职责深度融合，有利于推动广州实现老城市新活力，推动国家中心城市建设全面上新水平，为在全省实现“四个走在全国前列”，当好“两个重要窗口”中勇当排头兵提供了有力的体制机制保障，也为完善文化管理体制、推动文化繁荣兴盛提供了有力的体制机制保障。

（二）激发文化创造活力

全面深化文化体制改革是推进国家治理体系和治理能力现代化建设的重要组成部分，是中国特色社会主义文化制度的自我完善。作为宏观管理体制和微观运行方式的结合体，文化管理体制一方面要通过组织结构变化和具体制度调整进行制度供给，另一方面又要在自身运行和发展中生产出制度创新的需求。[①]这就意味着，文化体制改革既要创新文化管理方式、提高文化行政管理效能，又要激发全民族全社会的文化创新创造活力，推动社会主义文化大发展大繁荣。进入新时代，坚持中国特色社会主义文化发展道路，推动文化繁荣兴盛，建设社会主义文化强国，必须“增强全民族文化创造活力，让一切文化创造源泉充分涌流”[②]。为此，要不断深化文化体制改革，“推动文化事业全面繁荣、文化产业快速发展，不断丰富人民精神世界、增强人民精神力量，不断增强文化整体实力和竞争力”[③]。

那么，如何激发文化创造活力？习近平总书记明确指出：要“深化文化体制改革，出台繁荣发展社会主义文艺的意见，推动贯彻以人民为中心的创造导向，推进全国性文艺评奖制度改革，实施重点文艺创作生产工程。制定推动国有文化企业把社会效益放在首位、实现社会效益和经济效益相统一的指导意见，研究制定新闻出版传媒企业开展特殊管理股试点的指导意见。开展文化工作者‘深入生活、扎根人民’主题实践活动，引导广大文化工作者深入基层。加快构建现代公共文化服务体系，促进基本公

① 陈世香：《大部制视角下地方政府文化管理体制改革进程及其挑战》，《上海行政学院学报》2010年第5期。

② 中共中央文献研究室：《习近平关于社会主义文化建设论述摘编》，中央文献出版社2017年版，第186页。

③ 习近平：《习近平谈治国理政》（第一卷），外文出版社2018年第2版，第160页。

共文化服务标准化均等化，建立健全政府向社会力量购买公共文化服务机制，加大公共文化设施免费开放力度。加快发展新型文化业态，推动文化产业快速健康发展”[①]。这是全面深化文化体制改革、激发文化创新创造活力的系统布局和基本遵循，为把推动文化发展的制度优势转化为活力提升的治理效能提供了具体指导。

2019年10月28日，为了深入贯彻落实习近平总书记视察广东重要讲话精神，建设粤港澳大湾区文化中心，推动广州城市文化综合实力出新出彩，中共广东省委全面深化改革委员会印发《广州市推动“四个出新出彩”行动方案》。在《广州市推动城市文化综合实力出新出彩行动方案》[②]当中，把“文化体制改革创新工程”作为一项重点任务。内容包括：（1）建设文化体制改革创新试验区。赋予试验区省一级文化管理权限，实施文化优先发展战略，优化文化发展政策环境，探索一批可在全国复制推广的文化体制改革经验。（2）创新媒体融合发展机制。加快建设市、区融媒体中心。支持成立媒体融合发展基金，推动成立融媒发展集团。同人民日报社、新华社、中央广播电视总台等开展战略合作，支持中央广播电视总台在广州设立粤港澳大湾区总部、广东总站。加强网络内容建设，支持社会新媒体以导向正确为前提发展壮大。（3）创新文化发展投融资机制。成立广州文化发展集团，打造文化产业投融资综合载体。支持粤港澳大湾区文化产业基金（筹）牵头，联合广东南方媒体融合发展投资基金、广东省新媒体产业基金、广东全媒体文化产业基金等发起组建广州文化产业投融资平台。（4）创新文化人才发展机制。赋予广州省一级文化人才管理权限，实施更加积极开放有效的文化人才政策，协同湾区城市引进国际顶尖文化人才（团队）并推动交流共享。实施“广聚英才计划”，健全人才政策体系，完善文化人才评价机制，建立健全符合文化人才成长发展规律的体制

① 中共中央文献研究室：《习近平关于社会主义文化建设论述摘编》，中央文献出版社2017年版，第189页。

② 《广东省委深改委印发广州市推动“四个出新出彩”行动方案》，南方网，2019年10月28日，https://news.southcn.com/node_54a44f01a2/12f06bde3b.shtml.

机制及文化艺术荣典制度，在入户、住房、子女就学等方面给予文化人才特定激励措施。实施文艺名家大师引进扶持计划，大力培养青年文艺人才和文艺创新创业团队。显然，实施这一改革创新工程是有助于激发广州文化创造活力十分重要的制度安排和政策支持。

2021年7月，广州出台《广州市促进文化和旅游产业高质量发展的若干措施》①，进一步提出要大力培育“文旅+”新动能，实际上是通过构建文化的跨界融合发展机制来激发文化创造活力。主要措施包括：（1）推进“文旅+农业”融合，建设一批集农耕体验、田园观光、教育展示等功能于一体的休闲农业综合体，推进“农民进城、市民下乡”文旅体验活动，建设一批旅游文化特色村镇。（2）推进“文旅+工业”融合，发展厂区体验游等工业旅游产品。（3）推进“文旅+体育”融合，在足球、马拉松、网球、羽毛球等专业品牌赛事中融入文旅元素，充分利用香港赛马会从化马场资源，推动赛马产业与旅游融合发展，培育文旅体融合发展的综合型产业。这些举措旨在通过文化赋能推动产业发展，需要以文化的创造性转化、创新性发展为前提，因而有利于文化创造活力的培育和提升。

（三）促进历史文脉传承

文化是城市的灵魂。不同的城市有自己独特的文化特色，不同的文化特色也决定着一个城市的品格，彰显出一个城市所具有的底蕴和魅力。从历史的维度看，每个城市的文明进步都是通过其历史文化积淀的厚度来标记、展示和表达的。从现实生活中考量一个城市文明进步的程度无疑要从其当下社会生产方式与生活方式所达到的发展水平来衡量。但是，现实和历史是不可分割的，今天的发展一定是昨天变迁的结果，其中贯穿着历史和文化的延续。换言之，映照现实的历史文化功能对于任何一个城市都是

① 广州市人民政府办公厅：《广州市人民政府办公厅关于印发广州市促进文化和旅游产业高质量发展若干措施的通知》，广州市人民政府门户网站，2021年7月19日，https://www.gz.gov.cn/zwgk/fggw/sfbgtwj/content/post_7375776.html.

不可或缺的。

事实上，城市的经济功能总是鲜明、突出和外显的，在城市发展过程中往往最容易受到关注和重视。特别是，近代以来城市在机器大工业的推动下快速扩张，加上商业化发展带来的巨大繁荣，城市的经济功能被前所未有地放大。在这样的背景下，城市的文化功能日渐式微，城市的文化留存被利益驱动所覆盖，一次又一次大规模的拆迁和拆建让城市格局和文化肌理受到严重破坏，所以今天残存的文化遗址可谓弥足珍贵。然而，如果一个城市失去历史的根脉就找不到变迁的源头，如果失去文化的记忆就会失去灵魂的皈依。因此，现代城市的发展必须守住自己历史延续的根脉，要通过加强对历史古迹、名人故居、老旧街区、传统村落等多元文化标识的系统保护，来展示自己在文明演进中所具有深厚的内涵、底蕴和张力。

习近平总书记指出："文物承载灿烂文明，传承历史文化，维系民族精神，是老祖宗留给我们的宝贵遗产，是加强社会主义精神文明建设的深厚滋养。保护文物功在当代、利在千秋。"[①]关于如何处理好历史文化遗产的保护传承与开发利用之间的关系，习近平总书记强调："历史文化遗产承载着中华民族的基因和血脉，不仅属于我们这一代人，也属于子孙万代。要敬畏历史、敬畏文化、敬畏生态，全面保护好历史文化遗产，统筹好旅游发展、特色经营、古城保护，筑牢文物安全底线，守护好前人留给我们的宝贵财富。"[②]针对城市文化的保护与传承，习近平总书记明确提出："要保护好前人留下的文化遗产，包括文物古迹，历史文化名城、名镇、名村，历史街区、历史建筑、工业遗产，以及非物质文化遗产，不能搞'拆真古迹、建假古董'那样的蠢事。既要保护古代建筑，也要保护近代建筑；既要保护单体建筑，也要保护街巷街区、城镇格局；既要保护精

---

① 中共中央文献研究室：《习近平关于社会主义文化建设论述摘编》，中央文献出版社2017年版，第190页。

② 胡健、刘鑫炎、乔栋等：《续写山西践行新时代中国特色社会主义新篇章——习近平总书记山西考察重要讲话引发热烈反响》，《人民日报》2022年1月29日。

品建筑，也要保护具有浓厚乡土气息的民居及地方特色的民俗。”[①]这些论述深刻揭示了城市发展内含着文脉传承的重要规律，对推动城市现代发展过程中如何做好文化遗产保护工作具有十分重要的指导意义，需要我们认真学习和领会。

2018年10月24日，习近平总书记视察广州恩宁路历史文化街区永庆坊片区，明确指出：“城市规划和建设要高度重视历史文化保护，不急功近利，不大拆大建。要突出地方特色，注重人居环境改善，更多采用微改造这种‘绣花’功夫，注重文明传承、文化延续，让城市留下记忆，让人们记住乡愁。”[②]这一指示，为做好新时代城市规划建设管理和加强历史文化保护工作提供了根本遵循。广州高度重视对习近平总书记重要指示精神的学习和贯彻，把“注重文明传承、文化延续，让城市留下记忆，让人们记住乡愁”融入培根铸魂的历史文化保护当中，通过深化文化体制改革，着力不断健全历史文脉传承体系。

广州有2200多年的建城历史，是一座名副其实的“历史文化名城”。为了增强作为国家中心城市的文化影响力，更能代表国家向世界展示具有中华文化特质的城市魅力，广州对如何推动城市文化发展、擦亮历史文化名城品牌进行了总体规划和系统布局，对加强历史文化名城保护提出了具体要求，提出“要建立健全党委统一领导、党委宣传部门组织协调、行政主管部门具体实施、有关部门各负其责、社会力量和人民群众积极参与的文化建设领导体制和工作机制，形成齐抓共管、各方参与的文化发展新格局”[③]。为了配合建设文化强市、培育世界文化名城的规划落实，广州不断修改和完善历史文化遗产保护开发的配套制度，如修订《广州市文物保护管理规定》，制定《广州市非物质文化遗产保护办法》《广州市历史建

① 中共中央文献研究室：《习近平关于社会主义文化建设论述摘编》，中央文献出版社2017年版，第189-190页。

② 《习近平在广东考察时强调：高举新时代改革开放旗帜　把改革开放不断推向深入》，《人民日报》2018年10月26日。

③ 李仁武：《守正创新：走向文化自信的广州》，广州出版社2018年版，第88页。

筑和历史风貌区保护办法》等。2019年10月，中共广东省委全面深化改革委员会印发《广州市推动城市文化综合实力出新出彩行动方案》，提出要"深入贯彻落实省委、省政府部署安排，省文化体制改革专项小组要强化统筹协调，省各有关单位要积极支持配合，广州市要负起主体责任，健全工作机制，有效整合资源，形成强大合力"。这是推动广州城市文化综合实力出新出彩的组织保障，也为广州保护和传承城市历史文脉提供了更有力度的组织保障，意味着广州保守和传承历史文脉的体制机制更为健全、综合体系更为完善。

（四）推动文旅融合发展

社会主义文化在本质上是人民的文化。人民群众是社会主义文化建设的主体，更是享受社会主义文化发展成果、促进文化消费的主体。党的十九大报告指出："满足人民过上美好生活的新期待，必须提供丰富的精神食粮。"[①]这是新时代繁荣社会主义文化、推动文化事业和文化产业发展的根本目的所在。所以，要通过深化文化体制改革，健全人民文化权益保障机制，坚持以人民为中心的工作导向，遵循社会主义先进文化发展规律，制定和完善以高质量发展为导向的文化经济政策，完善文化产品创作生产传播的引导激励机制，推出更多群众喜爱的文化精品和文化服务。尤其要完善推动文化与旅游融合发展的体制机制，按照社会主义市场经济的要求，优化城乡文化资源配置，促进文旅企业履行社会责任，提供更多满足人民群众对文化、艺术、旅游、休闲、观光、娱乐、康养等消费需求的产品和服务，并提升城市文化发展的影响力、辐射力和带动力。

在实践当中，推动文化与旅游融合发展是文化体制改革的一项重要内容。2012年，广州依据文化部、国家旅游局发布的《关于促进文化与旅游结合发展的指导意见》，以"建设文化强市培育世界文化名城"和"建设

---

① 习近平：《习近平谈治国理政》（第三卷），外文出版社2020年版，第34页。

国际旅游中心城市”为目标，出台《中共广州市委、广州市人民政府关于培育世界文化名城的实施意见》，把“文化旅游”列入未来重点发展的9类“优势主导产业”之一。2014年8月，国务院发布《关于促进旅游业改革发展的若干意见》，广州于2014年10月成功申报并获批“国家旅游综合改革试点城市”。2015年5月，广东省发布《关于促进文化旅游融合发展的实施意见》，要求将促进文化与旅游融合发展作为本地区、本部门的“十三五”规划，予以不断推进和积极落实。2016年3月，广州市委、市政府印发《广州市国民经济和社会发展第十三个五年规划纲要（2016—2020年）》体现了上述的文件要求。①可见，广州一直在不断推进文化与旅游融合发展，做好“文化旅游深度融合”这篇大文章。

2021年7月，广州出台《广州市促进文化和旅游产业高质量发展的若干措施》（以下简称《措施》），提出促进文化和旅游产业高质量发展的“十项任务”，即打造文化和旅游特色品牌、推进文化和旅游新业态发展、促进“大文旅”融合发展、加大文化和旅游基础设施建设、做强文化和旅游装备制造业、壮大文化和旅游市场主体、扩大文化和旅游消费、推动粤港澳大湾区文化和旅游共建共享、加强文化和旅游国际交流合作、优化文化和旅游发展环境。这标志着广州在全面深化文化体制改革、推进文化与旅游融合发展方面又迈出新步伐。《措施》共有36项具体举措，是推动文化与旅游产业实现深度融合发展和高品质提升所作出的总体设计、全面布局和行动方案，具有很强的针对性和实效性。

比如《措施》提出：要完善“图书馆之城”、“博物馆之城”、文化馆（站）服务体系建设，加快省“三馆合一”项目和广州文化馆、美术馆、粤剧院等一批公共文化设施建设，推进红色文化设施、革命遗址保护建设，加大海丝文化场馆建设力度，为文化和旅游产业发展提供有效供给；加快建设文化和旅游数据中心、广州文化云平台，完善文化和旅游产

① 韦朝列、陈小文：《广州文化旅游深度融合发展的问题与对策研究》，《探求》2016年第4期。

业“云、网、端”基础设施建设；鼓励数字文化企业完善文化产业领域人工智能应用所需基础数据、计算能力和模型算法，推动传统文化基础设施转型升级；等等。这些重要举措将为推动广州文化与旅游高质量发展、更好满足人民群众的精神文化需求提供坚实基础。

在推动文化和旅游产业高质量发展的体制机制上，《措施》给出了一系列制度安排。例如，强化属地发展责任，加大资金保障，及时协调解决文化和旅游发展的重大问题，有效推进各项工作落实；明确市直有关部门要加强统筹协调，合力推动文化和旅游产业高质量发展；设立广州市文化和旅游产业发展专项资金，建立财政投入文化和旅游产业稳定增长的运行机制；明确专项资金重点用于支持文旅新业态、重大文旅产业项目、文旅产业集聚区、文旅消费、重大文旅平台、文艺精品创作、电影产业等方面的补助、奖励；优化文化和旅游用地政策，对入围省、市重点项目的旅游业用地（含高端酒店项目），给予土地储备、农转用指标、项目审批、基础设施配套等优先支持；推动文旅与相关部门等平台数据共享，创新监管方式，完善信用体系，优化司法环境，提升文旅市场综合执法水平；等等。这些制度安排实际上是在体制机制创新上进行积极的探索性实践，有突破陈规、先行先试的重要意义。

二、构筑文化交流与发展新平台

文化不仅是一个城市文明发展的理性基础和精神依托，而且关乎一个城市的品格、形象与声誉。在现代城市发展过程中，一个城市所具有怎样的文化积聚功能和文化交流水平是城市综合实力的重要指标，更是城市文化繁荣兴盛的重要标志，对一个城市的文明发展具有深远影响。党的十八大以来，广州围绕建设国家中心城市、提升文化引领功能，大力构建参与国际文化交流、扩大城市文化影响力的发展平台，文化发展的积聚效应、传播效应和辐射效应日益扩大，文化强市建设扎实推进，不断推动城市文化繁荣开创新局面。

（一）提升城市文化引领功能

推动城市文化建设和发展、促进文化繁荣兴盛、满足人民群众日益增长的文化需求，毫无疑问必须首先解决好文化发展过程当中存在的不平衡和不充分问题，比如不少城市或城区文化发展相对落后，新建的文化基础设施严重不足，许多老旧的图书馆、文化馆、艺术馆、博物馆、影剧院、体育馆等得不到修缮，人民群众基本文化权益得不到保障，更加不能满足人民群众过上美好生活的文化需求，因而加大投入、补齐短板、提升功能迫在眉睫。但是，现代城市文化发展不能总在被动的“补课”中徘徊，尤其像广州这样要代表国家走向世界、参与全球竞争的国家中心城市，文化建设和发展就更需要考虑如何从“补课式”发展走向“引领型”提升。不仅需要在重视和提升文化基础设施的现代化水平上下功夫，而且更需要在全面提升城市文化功能上下功夫，要通过系统性、整体性的城市文化功能开发来推动文化的高质量发展，在满足人民群众文化需求的同时充分体现作为国际大都市应当具有的文化影响力。

党的十八大以来，广州的文化建设一直围绕如何提升国家中心城市的文化引领功能、建设文化强市而积极努力，希望建成区域性乃至国际性“文化中心”或“文化枢纽”。2018年10月，习近平总书记对广州提出要实现老城市新活力，在推动综合城市功能、城市文化综合实力、现代服务业、现代化国际化营商环境出新出彩的希望和要求，为广州未来发展指明了方向。2019年10月，为贯彻落实习近平总书记的重要指示精神，中共广东省委全面深化改革委员会印发《广州市推动综合城市功能出新出彩行动方案》《广州市推动城市文化综合实力出新出彩行动方案》《广州市推动现代服务业出新出彩行动方案》《广州市推动现代化国际化营商环境出新出彩行动方案》。其中，《广州市推动综合城市功能出新出彩行动方案》

明确把“全力提升文化引领功能”纳入需要狠抓落实的重点任务当中。这表明广州要更加重视文化对城市现代发展的重要意义，提升城市文化引领功能也有了更加明确的行动要求，也为推动广州的文化繁荣发展提供了新机遇和新动能。

从实践的角度看，强调要“全力提升文化引领功能”至少包含两层意思：其一是指城市的文化功能至关重要，具有“引领”的性质和作用，并非可有可无而是举足轻重，所以其重要地位不能忽视，要增强文化自信并对文化强市建设有高度的行动自觉；其二是指提升城市的文化引领功能是推动综合城市功能出新出彩的重要组成部分，它不是单一或孤立的行动，而是一种具有全面性、综合性、协同性的系统集成，所以需要“全力提升”。它要求文化行政管理部门和文化企事业单位之间要相互配合、相互给力、相互促进，也要求其他部门及其他行业给予支持、配合和推动。因此，“全力提升文化引领功能”必然推动文化事业和文化产业的大发展，从而带来城市文化的繁荣兴盛和文化软实力的巨大提升。

《广州市推动综合城市功能出新出彩行动方案》对“全力提升文化引领功能”提出具体三个方面的具体任务，即打响文化品牌、深化文商旅融合、培育提升教育中心功能。这三项任务都有十分明确的行动指引，是广州推动文化建设和发展的重要举措。

比如在“打响文化品牌”方面，明确提出要打响红色文化、岭南文化、海丝文化、创新文化等品牌，支持广州岭南文化中心和对外文化交流门户建设，打造文化强市；支持设立中共三大历史研究中心；推进历史建筑保护利用试点城市建设；完善广州地区文明城市创建工作机制；推进广东美术馆、非物质文化遗产展示中心、文学馆“三馆合一”项目和广州“五馆一院”等文化惠民工程；支持广州与深圳加大文化创意产业合作力度，与港澳、佛山、中山等城市共建世界美食之都，推进“粤菜师傅”工程；实施文艺高峰攀登行动，推出一批精品力作；在广州建设文化体制改革创新试验区；等等。这些具体措施实际上是要充分发掘广州的文化资源，构筑最具广州特色的文化品牌优势，以展示国家建设中心城市和现代化国际大都市所具有的文化核心竞争力，从而为广州提升文化引领功能夯实基础。

又比如在“深化文商旅融合”方面，明确提出支持广州申报“文化系统装备设计与研发”重点实验室，培育旗舰型文化领军企业；扩大文交会影响力，落实国家扩大文化消费试点工作；推进国家旅游综合改革和全域旅游示范区创建试点，推动从化、花都、增城联合清远共建粤港澳大湾区北部生态文化旅游合作区；支持南沙创建国家邮轮旅游发展实验区，争取邮轮入境限时免签政策；加快构建穗港马匹运动及相关产业经济圈；等等。采取这些措施，就是要推动文化与旅游业的深度融合发展，通过以旅游为载体、以文化为内容的现代旅游业发展来扩大广州文化的影响力、带动力和辐射力，从而激发出广州具有引领功能的文化创新创造活力。

再比如在“培育提升教育中心功能”方面，明确提出要支持部属、省属高校等在穗高校“双一流”建设，加快建设香港科技大学（广州）和华南理工大学广州国际校区；探索建立与国际先进教育体系接轨的办学机制；争创国家首批产教融合试点城市，推动产教协同育人；支持加快广州科教城建设，联合深圳、港澳共建职业教育基地；推进学前教育普惠健康发展和基础教育优质均衡发展，创建品牌学校；推进全国智慧教育示范区、全国青少年校园足球改革试验区建设；等等。这些具体措施，就是要夯实广州发挥文化引领功能的教育基础。因为文化是最需要创新的领域，又担负着“举旗帜、聚民心、育新人、兴文化、展形象”的使命任务，所以增强城市的文化引领功能必须以教育为依托，增强教育影响力。或者说，要通过培育提升教育中心功能来推动以德树人、以文化人、以文育人，为广州发挥文化引领功能提供强大的理念支撑、人才支撑和创新支撑。

（二）增强城市文化拓展效应

一个城市文化的繁荣必须有自身文化原创能力才能推动文化事业和文化产业的蓬勃发展，才能满足市民对文化产品和文化服务日益增长的需求。换言之，推动城市的文化繁荣需要增强各文化机构、文化院团、文化企业的社会责任，自觉承担起促进文化生产力解放和发展的历史使命，组织起文化创造和生产的强大合力，让城市的文化产品不断丰富和文化服务能力不断提升。因此，城市文化繁荣的前提和基础是自己必须要有完善的公共文化服务体系和健全的文化产品生产体系，从而形成强大的文化产品生产与供给能力，能够创新生产经营机制，培育新型文化业态，推动实现文化产业的高质量发展，让人民群众喜爱的优秀成果层出不穷、百花争妍。

在文艺工作座谈会上，习近平总书记向广大文艺工作者表达亲切的慰问，并寄予深情的嘱托：“衡量一个时代的文艺成就最终要看作品。推动文艺繁荣发展，最根本的是要创作生产出无愧于我们这个伟大民族、伟大时代的优秀作品。没有优秀作品，其他事情搞得再热闹、再花哨，那也只是表面文章，是不能真正深入人民精神世界的，是不能触及人的灵魂、引起人民思想共鸣的。文艺工作者应该牢记，创作是自己的中心任务，作品是自己的立身之本，要静下心来、精益求精搞创作，把最好的精神食粮奉献给人民。”[①]从铸就中华文化新辉煌的时代要求而言，习近平总书记还进一步强调：“优秀文艺作品反映着一个国家、一个民族的文化创造能力和水平。吸引、引导、启迪人们必须有好的作品，推动中华文化走出去也必须有好的作品。所以，我们必须把创作生产优秀作品作为文艺工作的中心环节，努力创作生产更多传播当代中国价值观念、体现中华文化精神、反映中国人审美追求，思想性、艺术性、观赏性有机统一的优秀作品，形成‘龙文百斛鼎，笔力可独扛’之势。”[②]习近平总书记的论述深刻表明，任何一个国家、一个地区、一个城市要实现文化繁荣兴盛都需要有文化创制能力提升的“真功夫”，这是文化建设和发展的根本所在。

---

① 中共中央文献研究室：《习近平关于社会主义文化建设论述摘编》，中央文献出版社2017年版，第153页。

② 中共中央文献研究室：《习近平关于社会主义文化建设论述摘编》，中央文献出版社2017年版，第154页。

改革开放以来，广州曾一度成为引领全国文化创新发展的南方文化重镇，是各种新潮文化或时尚文化率先兴起的“流行前线”。比如这里有反映改革开放过程中年轻人思想解放、头脑灵活、敢闯敢干、闯荡商海的电影《雅马哈鱼档》；有反映年轻人外出闯荡江湖、参与企业管理、经历商海沉浮、改变人生命运的电视剧《公关小姐》《外来妹》《商界》等；广州首创的《“美在花城”广告新星大赛》更是作为全国第一台大型综艺电视节目而广受追捧；有享誉乐坛的流行歌手和脍炙人口的粤语流行歌曲；还有代表新锐思想、观念、时尚、活力的报纸杂志，如《南风窗》《黄金时代》《足球报》《南方周末》；等等。所有这些都在全国掀起了强烈反响，成为发挥重要引领和具有示范效应的“广式文化潮”。进入新时代，广州继续发挥作为流行文化桥头堡的功能和作用，以岭南文化为依托的原创粤语文化中心地的引领力不断上升，尤其在参与国际文化交流方面产生的影响越来越大，城市文化发展的延展性越来越强，区域性国际文化交流中心的地位也不断凸显。

近年来，广州高度重视文化出口工作，把文化服务出口作为实施文化强市战略、推动城市文化综合实力出新出彩的重要举措。充分发挥国家文化出口基地在产业集聚、创新发展、示范引领等方面的重要作用，大力培育文化出口重点企业、重点项目，激发文化产业发展活力，推动对外文化贸易提质增效。2021年9月，在商务部、中央宣传部会同文化和旅游部、国家广播电视总局公布的第二批国家文化出口基地名单当中，番禺区继首批入选的天河区之后再次登榜，获此殊荣。其中，作为首批入选国家文化出口基地的天河区，自2018年以来坚持以数字文创、游戏、电子竞技为主攻方向，突出“文化+科技”，着力打造数字文化产业集聚发展新高地。天河区现已成为全国最大的游戏产业集聚地，游戏产业收入占全国比重约40%；也是国内罕有的拥有全产业链条并正在加速形成产业闭环的电竞产业核心区域，在国家电子竞技统计口径10个分类细目中均拥有代表性企业，培育了网易、三七互娱、趣炫等文化出口“主力军”，打造了《第五人格》《梦幻西游》两大本土职业联赛联盟，文化产业竞争力强，基地建设成效显著。[①]这表明，广州的文化强市发展战略是从国内和国际双重维度来布局的，代表国家走向世界的文化功能正在逐步增强和显现。

同时，广州还着力建设具有重要文化影响力和美誉度的国际交往中心。进入新时代，随着国家对外开放格局持续扩大，“一带一路”建设深入推进，粤港澳大湾区建设步伐加快，广州作为国家中心城市的地位和作用越来越大。为了把握机遇、增进交流、加强合作、扩大影响，高度重视参与国际文化交流与合作，主要在加强对外文化宣传、推动岭南文化走出去、塑造高端国际会议品牌、提升国际会展之都影响力、积极拓展国际旅游交流、教育国际合作提质增效、提高体育赛事活动知名度、打造新时代枢纽型侨都等方面，向世界充分展示广州的文化形象，让世界读懂中国，了解广州、向往广州。2021年的“读懂中国”国际会议在广州召开，来自20多个国家和地区的70余位国际知名政治家、战略家、学者、企业家等人才云集，规格和规模都创下了历届之最。“读懂中国”国际会议，由国家创新与发展战略研究会牵头，联合中国人民外交学会、省级地方政府和国际知名智库共同举办，是世界了解中国发展战略最有影响力的平台之一。该会议至2021年已成功举办六届，2021年之后永久会址已落户广州。这是继国际金融论坛之后又一重要国际交流平台入驻广州，对扩大广州的国际影响力、提升城市知名度具有十分重要的意义。

（三）丰富城市文化体验场景

从人类文明进步和发展的角度看，“城市既是人类文明的成果和标志，又是人们日常生活的家园”[②]。城市文化发展的繁荣兴盛既需要文化产品生产的丰富，可以满足不同层次消费主体的需求，更需要文化活动、文

① 《文化出口捷报频传　广州再获国家级殊荣》，中国产业经济信息网，2021年9月4日，http://www.cinic.org.cn/xy/gd/1148788.html.

② 李仁武：《城市文化发展引论》，世界图书出版公司2019年版，第59页。

化服务和文化参与的多样化发展，让城市作为“文化容器”[①]可以带给人们各种文化艺术的体验和感受，并接受文化的教育和熏陶，成为名副其实的“改造人类的主要场所”[②]。或者说，城市的文化繁荣要通过不断增加文化容量来体现。一方面，城市要有广泛开展社会文化活动的基础和条件，让市民可以尽可能参与到文化活动中，能够充分享有文化权益的保障，具有广泛接受各种公共文化便民服务的获得感。另一方面，城市要有承载国内外文化传播、交流的设施、途径和平台，在充分展示自己城市文化个性和张力的同时，让市民可以感受跨文化交流带来文明互鉴的魅力，在广泛参与交流中扩大自己的文化视野、增强自己的文化认知、提升自己的文化品位。因此，城市文化发展的繁荣应当通过文化体验的多样性、丰富性和品质化来体现。如果一个城市的文化体验感不强，那么它就很难被称为文化繁荣的城市，其文化影响力和引领力也很难得到认可。

党的十八大以来，广州为了提升自己的文化影响力，非常注重公共文化设施的不断健全和完善，着力增强人民群众参与各种文化活动的体验感、愉悦感与获得感。不仅有许多旧的文化设施、设备得到提质升级、功能更新完善，还有一大批具有国际现代化水平的文体设施建成并投入使用，可以极大便利市民参与文化活动的体验、获得文化艺术的熏陶，进入文化功能快速提升和文化综合实力显著增强的新时代。尤其在落实习近平总书记重要指示精神、推动实现老城市新活力的实践探索过程中，广州以习近平新时代中国特色社会主义思想为指导，坚持把城市文化建设摆在全局工作更加突出的位置，明确将建设文化强市、打造社会主义文化强国城市范例确定为“十四五”规划的重点任务，并就如何持续推动实现“城市

① “文化容器”：城市是文化的容器，这是城市文化学家芒福德的观点。他认为：在历史演进的过程中，城市像一个“容器”内含着它的各种文化建筑、文化故事、文化经典、文化人物、文化风貌，让城市延续着自己丰厚的文化记忆和文化特色。参见李仁武著《城市文化发展引论》，世界图书出版公司2019年版，第140页。

② 刘易斯·芒福德：《城市发展史——起源、演变和前景》，中国建筑工业出版社2005年版，第117页。

文化综合实力出新出彩”进行顶层谋划和整体布局，推动文化繁荣兴盛和高质量发展的政策措施频出、亮点纷呈、成效显著。一批体现城市文化形象和文化发展水平、市民文化体验感强的大型文化活动正在成为广州的优势品牌。

比如，着力办好每年一届的广州文化产业交易会。自2017年以来，广州文交会已成功举办五届，是广州一年一度的文化盛宴，已成为广州一张亮丽的名片。2017年，第一届广州文交会首次举办，实现“单一专业性向综合性展会”“参展、参会规模”及“提质增效”三大突破；2018年，第二届广州文交会实现直接成交22亿元，意向签约126亿元；2019年，第三届广州文交会实现直接成交25亿元，项目签约约300亿元；2020年，第四届广州文交会共举办十大板块，25场系列活动，13场高端的专业论坛，11个重大文化产业签约项目合同金额达182亿元；2021年，第五届广交会推动13个重大产业项目、10个投融资项目、15个招商项目合作，意向合作金额达1016亿元，达历史新高。如今，广州文交会正逐步发展成为国家级文化产业交易平台，对推动广州文化发展具有重要的“引领”“引擎”“聚合”“催化”作用。

又比如，着力办好每年一届的中国国际漫画节。中国国际漫画节由原国家新闻出版广电总局、广东省人民政府主办，广州市人民政府、原广东省新闻出版广电局承办并成立了中国国际漫画节组委会，组委会办公室现设在广州市文化广电旅游局。该节已在广州成功举办十四届，有中国动漫金龙奖、中国漫画家大会、动漫游戏展、漫画节在身边、漫画节进校园、漫画节大师班等十余项系列主题活动，已成为国内规格最高、规模最大、号召力最强的国际性动漫游戏产业盛会，每年均有百余名海内外动漫名家、权威学者、业界精英和超过300家动漫相关企业、机构参与漫画节。其中，中国国际漫画节动漫游戏展是重头戏，以其多元化的策展方式、众多动漫名家、中日韩欧美等国家以及港澳台等地区多家品牌展商及上千家媒体的支持，有效地整合了动漫业界资源，每年吸引数十万计的动漫游戏爱好者前来观展，成了华南地区同类型活动的“领头羊”，年轻一代踊跃参与的综合嘉年华。

再比如，着力办好每年一届的中国（广州）国际纪录片节。其创始于2003年，由原国家广播电视总局和广东省人民政府主办，广州市人民政府和原广东省广播电视局共同承办，现由广州市文化广电旅游局具体执行并由广州环球瑞都文化传播有限公司统筹运营。中国（广州）国际纪录片节作为具有国际影响力的世界八大纪录片节之一，包括优秀纪录片推选（金红棉奖）、市场交易、业内交流、专业论坛、国际培训和公众展播（金红棉影展）等六大内容。2018年有122个国家与地区、4542部纪录片参会，已成为全球纪录片产业链条中的重要环节和推动国际文化交流的优质平台。

（四）推动城市文化主客共享

众所周知，在全球化背景下城市之间的竞争已经成为世界产业竞争、资本竞争、技术竞争和人才竞争的角力场，或者说每个国家或地区都以自己的城市为代表参与全球化的产业分工、资源配置与市场争夺。正因为如此，学界就有了关于什么是“世界城市”（World city）或“全球城市”（Global city）的学术讨论。学界普遍认为，“世界城市”或“全球城市”专指对全世界城市或大多数国家发生全球性经济、政治、文化影响的国际一流城市。这样的城市一般具有五大特征：（1）跨国公司和国际机构集中的所在地；（2）成为世界主要金融中心、贸易中心；（3）成为一个区域（亚洲乃至亚太地区的）圈内的交通信息枢纽；（4）成为国际文化交流中心；（5）集中体现城市所独有的人文文化、人文精神。按照这样的认知，世界城市或全球城市毫无疑问就必须要有全球意义的影响和都市精神文化；否则，金融贸易、交通信息再发达还是不能成为真正的世界城市或全球城市。[①]这实际上就意味着，在全球化背景下城市竞争要以文化论输赢。这就是提升文化软实力对于现代城市发展的重要意义。

① 鲍宗豪：《国际大都市文化导论》，学林出版社2010年版，总论第7-10页。

按照文化社会学家波普诺的观点，文化是人类群体或社会的共享成果，这些共有产物不仅包括价值观、语言、知识，还包括物质对象。从这个理解来说，文化是一个集群体性、社会性和共享性于一身的综合概念。其中，文化的群体性是指每一种文化都是一定族群的文化，即文化首先要作为一定族群共同生活的言语表达、价值观念、思维方式、风俗习惯和知识体系而存在；文化的社会性是指每一种文化都是在社会实践中产生、传承和延续的公共认知，体现着在社会生存和发展中所需要的生活态度、交往方式、权利诉求以及制度构建，是人们处理社会关系所持立场、观点和方法的总和；文化的共享性是指各种文化观念、文化艺术、文化表达都可以进行相互学习和借鉴，包括日益兴盛的社会文化交流和市场化的文化消费，这些是人类文明的共同财富，当然也应当成为可以被共享的文明范式。其实，文化也正因为具有可共享的属性与特质，所以才能在相互交流中体现出重要的价值和意义。依据这样的逻辑，判断一个城市文化繁荣和发展的水平也需要从文化的可共享性来考量，即看它是否具有可共享的价值以及可共享的程度来衡量。

广州作为历史文化名城，应当如何在参与全球化发展进程中展示自己的文化底蕴、特质和精神呢？这是进入新时代以来，广州在推动城市文化发展过程中一直在探索和思考的问题。在参与全球城市的文化竞争当中，城市文化发展要以资源禀赋、设施齐备、产品丰富、市场活跃、人才兴旺等重要因素为基础，还要有人文品格和社会生活所展示的文明程度及精神境界，以及由此赢得应有的文化认同、尊重与向往。所以，广州非常注重在扩大城市文化美誉度、向往度、共享度上做文章，努力向世界宣传广州、讲好“广州故事”。一方面，积极搭建和拓展参与国际文化交流的平台，向世界宣传、展示“中国·广州”的文化形象与独特魅力；另一方面，积极推动世界旅游目的地建设，通过主客共享让游客在广州文化的活色生香中有沉浸式的品位和感受，发挥好“向世界展示我国改革开放成就的重要窗口”和“国际社会观察我国改革开放的重要窗口”作用。

2021年3月，为全面贯彻落实习近平总书记视察广东重要讲话重要指示精神，充分发挥广州作为国家中心城市和综合性门户城市的创新驱动、示范带动作用，在更高起点上推进改革开放，在构建新发展格局中展现新作为，实现老城市新活力，广州出台了《广州构建世界级旅游目的地三年行动计划（2021—2023年）》（以下简称《计划》）。该《计划》对标世界一流旅游名城，提出将广州建设成为促进旅游经济双循环的“世界门户”和面向世界弘扬中国先进文化的“窗口”，打造传统文化与现代文明交相辉映、“宜游”与“宜居宜业”融合统一的高品质世界级旅游目的地。受新冠肺炎疫情全球肆虐的严重影响，有些具体目标任务的如期实现会面临许多挑战，形势并不乐观，但着力提升广州核心引领示范能力，突出广州创建国际消费中心城市、提高国际资源配置能力的主体作用，要在更高起点上推进改革开放、在构建新发展格局中展现新作为，许多具体措施都将对促进广州文化旅游业的高质量发展带来整体性、实质性的变化与提升。

比如该《计划》提出：支持“粤文化”项目建设，打造世界级文旅地标；加强“南沙国际邮轮母港”国际运营和服务配套，打造亚洲最大的邮轮母港综合体；加快“天河路商圈”一体化发展，打造国际消费示范区；深化北京路国家级文化产业示范园区建设，打造世界知名“古城中轴文化客厅”；推进“西关永庆坊—沙面西堤历史文化街区”建设，打造“最广州”历史文化街区名片；加快花都空铁文商旅融合创新发展示范区扩容提质，打造大湾区文化旅游重要节点；推进“珠江游”水岸互动和游船码头升级，打造世界级内河游览精品。这些都是具有创造性和务实性的创新举措，将引领以“主客共享”为主导理念的全域旅游走向全面升级提质，为把广州打造成为具有重要影响力和广泛美誉度的世界级旅游目的地形成强有力的推动。为实施好这一《计划》，广州将在发挥“两个窗口”作用中更加凸显自己应当具有的文化功能、使命与担当。

三、推动文化综合实力出新出彩

进入新时代，随着人民对过上美好生活的文化需求日益增强，广州跟全国一样迎来了推动文化建设和发展的新机遇，逐步迈入转型升级和高质量发展的新阶段。尤其是2018年和2020年习近平总书记先后两次视察广东并发表重要讲话，为广州做好文化工作、推动文化繁荣兴盛提供重要遵循、指明前进方向、注入强大动力。广州积极谋划以文化出新出彩引领各项工作全面出新出彩，不断开创文化繁荣发展的新局面。

（一）文艺创作呈现蓬勃发展景象

文化是体现一个民族价值传统和创造能力的物质及精神成果，文艺创作是文化创造的重要形式。文艺产品作为文化成果的重要组成部分，其丰富和发展是文化繁荣兴盛的重要标志。《中共中央关于繁荣发展社会主义文艺的意见》指出：文艺事业是党和人民事业的重要组成部分，“实现中华民族伟大复兴，离不开中华文化繁荣兴盛，离不开文艺事业繁荣发展”[①]。我们党在革命、建设、改革各个时期都高度重视文艺工作，充分运用文艺引领时代风尚、鼓舞人民前进、推动社会进步。习近平总书记指出：“党的十八大以来，广大文艺工作者积极投身实现‘两个一百年’奋斗目标、实现中华民族伟大复兴中国梦的火热实践，倾情服务人民，倾心创作精品，热情讴歌全国各族人民追梦圆梦的顽强奋斗，弘扬崇高理想和英雄气概，奏响了时代之声、爱国之声、人民之声。”[②]习近平总书记强调：“在广大文艺工作者辛勤努力下，我国文艺界出现新气象新面貌，文学、戏剧、电影、电视、音乐、舞蹈、美术、摄影、书法、曲艺、杂技、

① 《中共中央关于繁荣发展社会主义文艺的意见》，《人民日报》2015年10月20日。

② 习近平：《在中国文联十大、中国作协九大开幕式上的讲话》，人民出版社2016年版，第2页。

民间文艺、文艺评论、群众文艺、艺术教育等都取得丰硕成果，主旋律更加响亮，正能量更加强劲，为人民提供了丰富精神食粮，向世界展示了中华文化魅力。”[①]这是对广大文艺工作者为繁荣发展社会主义文艺所作的贡献给予充分肯定，也表明进入新时代我们更要高度重视，繁荣发展社会主义文艺。

近现代以来，广州文艺在中国文艺现代转型上勇立潮头，包括马克思主义率先传播、新文化运动、现代文学的开端，广东音乐的现代转型、广东戏剧的革新、岭南画派创立、西洋画的率先引入、新兴木刻运动热潮以及摄影、电影的始发等。二十世纪二十年代至四十年代，中国所有叱咤风云的文艺名家无不与广州文艺有着千丝万缕的联系，如鲁迅、茅盾、郭沫若、巴金、欧阳予倩、田汉、梅兰芳……他们以开阔的视野和天才的灵感进行文艺探索，推动广州文艺形成一派蓬勃景象。中华人民共和国成立后，广州从得风气之先到开风气之先，各文艺门类全面发展，均有名垂青史的代表性人物和代表作品。仅在中华人民共和国成立时，在中国各文艺门类的领军人物中，广东籍文艺家就占了相当大的比重。比如，美术的何香凝，设计和建筑艺术的梁思成，广播艺术的梅益，文学民俗的钟敬文，音乐的马思聪，舞蹈的戴爱莲，电影的蔡楚生、陈波儿，摄影的石少华、郑景康，书法的叶恭绰、商衍鎏商承祚父子等。[②]这是广州推动社会主义文艺繁荣发展的宝贵财富、重要资源和信心所在。

进入新时代，随着人民群众日益向往美好生活，对文化需求不断增强，文艺繁荣发展迎来前所未有的好机遇。广州深入学习领会习近平总书记在文艺工作座谈会上的讲话精神，全面贯彻《中共中央关于繁荣发展社会主义文艺的意见》，结合广州建设文化强市的迫切要求和文艺工作的具体实际，先后出台《广州市文艺精品创作三年行动计划（2018—2020）》《广州市进一步振兴粤剧事业工作方案（2019—2021）》等政策

① 习近平：《在中国文联十大、中国作协九大开幕式上的讲话》，人民出版社2016年版，第2-3页。

② 蒲波：《百年广州文艺见证百年伟大变革》，《中国艺术报》2021年2月1日。

措施，对标中宣部和中共广东省委宣传部出台的一系列文艺精品创作扶持政策制定文艺精品扶持办法，用好用活各类政策，加大对文艺精品创作生产的投入和扶持力度。通过建立文艺作品创作题材库，每年召开文艺创作生产会议，对精品创作进行规划部署，每月召开精品生产推进会，加强重点创作项目的立项指导，形成“规划一批、储备一批、实施一批、推出一批”的文艺创作生产推广机制，着力在新的历史起点上推动社会主义文艺繁荣发展不断迈出新步伐、取得新成效、开拓新局面。

党的十八大以来，广州的文化创作生产活力不断显现，有影响的精品力作层出不穷。近年来，广州先后推出民族舞剧《醒·狮》、芭蕾舞剧《浩然铁军》、话剧《行在南国·周先生》、粤剧《初心》等一批优秀舞台剧；纪录片《广州故事》和广播剧《守护英雄》分别在中央广播电视总台纪录片频道和中央人民广播电视台华夏之声频道播出；精准扶贫歌曲《一起幸福》入选“中国当代歌曲创作精品工程”，《花开新时代》在广东省庆祝改革开放四十周年晚会上唱响并在中央广播电视台播出，被“学习强国”学习平台采用；反映精准扶贫题材的电影《南哥》与美国电影发行公司签约全球发行。其中，大型原创音乐剧《西关小姐》获国家“五个一工程奖”；舞剧《醒·狮》荣获第十一届中国舞蹈“荷花奖”舞剧奖和第十六届中国文华奖提名奖；电影《掬水月在手》《点点星光》分别获第三十三届中国电影金鸡奖最佳纪录/科教片奖、最佳儿童片奖，粤剧电影《刑场上的婚礼》获最佳戏曲片提名；杂技《升降软钢丝》获第四十一届法国“明日”国际马戏节最高奖项——法兰西共和国总统奖；芭蕾舞剧《浩然铁军》入选第十二届中国舞蹈“荷花奖”终评；等等。可以说，进入新时代广州推动文艺繁荣发展的政策导向鲜明，文艺工作者开展优秀作品创作的热情高涨，文艺发展进入有史以来最欣欣向荣的好时期。

（二）优秀历史文化传承焕发活力

在文化建设和发展过程中，传承和弘扬优秀历史文化是推动文化繁荣兴盛的沃土和根基，要认真汲取中华优秀传统文化的思想精华和道德精髓，在新时代铸就中华文化的新辉煌。习近平总书记指出："不忘本来才能开辟未来，善于继承才能更好创新。"①"对历史文化特别是先人传承下来的价值理念和道德规范，要坚持古为今用、推陈出新，有鉴别地加以对待，有扬弃地予以继承。"②要本着科学的态度，继承和弘扬中华优秀传统文化，"努力用中华民族创造的一切精神财富来以文化人、以文育人"③。体现到城乡建设中，我们要充分认识，系统保护、利用、传承好历史文化遗产，延续历史文脉，对推动城乡建设高质量发展、坚定文化自信、建设社会主义文化强国具有重要价值和意义，"本着对历史负责、对人民负责的态度，加强制度顶层设计，建立分类科学、保护有力、管理有效的城乡历史文化保护传承体系"④。

中共中央办公厅、国务院办公厅印发的《关于在城乡建设中加强历史文化保护传承的意见》明确指出：要以历史文化价值为导向，按照真实性、完整性的保护要求，适应活态遗产特点，全面保护好古代与近现代、城市与乡村、物质与非物质等历史文化遗产，在城乡建设中树立和突出各民族共享的中华文化符号和中华民族形象，弘扬和发展中华优秀传统文化、革命文化、社会主义先进文化；要在保护基础上加强对各类历史文化遗产的研究阐释工作，多层次、全方位、持续性挖掘其历史故事、文化价值、精神内涵。分层次、分类别串联各类历史文化遗产，构建融入生产生活的历史文化展示线路、廊道和网络，处处见历史、处处显文化，在城乡建设中彰显城市精神和乡村文明，让广大人民群众在日用而不觉中接受文化熏陶。还明确强调：要着力解决城乡建设中历史文化遗产屡遭破坏、拆除等突出问题，确保各时期重要城乡历史文化遗产得到系统性保护，促进历史文化保护传承与城乡建设融合发展。这一意见既是对统筹城乡空间布

①②③ 习近平：《习近平谈治国理政》（第一卷），外文出版社2018年第2版，第164页。

④ 《中共中央办公厅 国务院办公厅印发〈关于在城乡建设中加强历史文化保护传承的意见〉》，中国政府网，2021年9月3日，http://www.gov.cn/gongbao/content/2021/content_5637945.htm.

局、妥善处理新城和老城关系、稳妥推进城市更新提出具体要求，也是对推动城乡文化遗产保护、传承与创新提出具体要求，具有很强的工作指导性、针对性和规范性。

广州作为国务院首批公布的“历史文化名城”，具有十分深厚的历史文化底蕴和历久弥新的优秀文化传承。在2021年公布的全国“百年考古大发现”榜单中，广州“南越国宫署遗址及南越王墓”和“广东‘南海I号’沉船”成功入围。这两个项目是岭南文化历史传承的重要代表，内含着岭南文化的深厚底蕴和人文特质，彰显着中华文明走向世界所具有的开拓与担当，散发着古韵流芳的恒久魅力。从南越国宫署遗址和南越王墓遗址的考古发掘来看，尽管其布局和结构有岭南风格，但在技术、工艺等方面并未落后于当时中原地区的水平。尤其南越王墓出土的珍贵文物，如“文帝行玺”金印、丝缕玉衣、大玉璧、承盘高足玉杯等被誉为“岭南文化之光”，更展示着以广州为宫署的南越国所达到的文明水准。[①]这样的“考古大发现”，充分表明古之岭南是有着鲜明特色的文化发展重镇、中华文明发展的重要代表，雄辩说明岭南未开化或“有文化”是一个伪命题。如今，南越王宫博物馆、西汉南越王墓博物馆和南汉二陵博物馆都成为广州厚重历史的最好见证。

然而，对优秀历史文化的传承和弘扬仅仅停留在历史文化古迹的保护层面还是不够的。因为博物馆收藏并展示的历史文物主要以一种原状物态的方式呈现，要从每件文物中真正读懂历史文化不仅需要很多的专业知识，甚至还需要进行深入研究。所以，要读懂文物、了解历史还需要采用更多把人们引入历史画卷的方式和途径。在文化情景认知的意义上，最好的方法和途径就是用艺术表现的方式对历史故事进行复原性或重构性的再现化演绎，让人们在艺术欣赏过程中领略历史的真谛。广州文艺工作者在这方面进行了许多有益的探索，如音乐剧《西关小姐》、粤剧电影《刑场

---

① 李仁武：《诠释“考古大发现”，挖掘岭南文化底蕴》，《广州日报》2021年12月6日。

上的婚礼》、话剧《南越王》、民族舞剧《醒·狮》、芭蕾舞剧《浩然铁军》等，这些创作都是用艺术的方式述说历史、活化历史、感染观众。

其中，《南越王》是广州话剧团大手笔打造的大型历史话剧，于2006年首演，2016年又复排“青春版”，至今依然在演，深受观众喜爱。该话剧最大的特色是“凸显岭南特色，立足本土文化”，让观众穿越时空去领略赵佗在秦始皇时期如何受命南越、在楚汉相争时期如何称王、在吕后时期如何称帝，以及在刘邦时期和文帝时期“两次归汉”的历史故事。这样的创作与表演是对广州城市历史文化的最好传承与弘扬，既让人们享受到话剧艺术审美带来的熏陶，也让历史得到应有的尊重和敬畏。

为了进一步弘扬优秀传统文化，广州还在场馆等基础设施建设上加大投入力度，积极推动技艺、经验、精神等活态文化、非物质文化遗产的保护与传承。截至2020年，已经投入使用的粤剧艺术博物馆、陈李济中医药博物馆、永华红木艺术馆、黄阁麒麟舞博物馆等各种专业性非遗展馆成为展示广州非遗的重要场地，设有非遗园的广州文化馆新馆也即将竣工投入使用。2020年8月，还成功创建了首条非遗街区——广州非遗街区（永庆坊），引入广彩、广绣、珐琅等项目的非遗大师工作室，建成了集体验互动、展示和销售于一体的主题街区，成为市民游客品味广州百年街巷市井气息、体验岭南文化艺术魅力的新窗口。[①]总之，广州包括非遗在内的历史文化传承已形成门类丰富、形态多样、特色鲜明且广受关注的传统文化矩阵，是“老广州”焕发“新活力”的亮丽名片。

（三）城乡群众文化活动精彩纷呈

人民群众既是历史的“剧作者”又是历史的“剧中人”。在文化建设和发展过程中，人民群众同样是文化创造的“剧作者”和“剧中人”。每一次划时代的文化发展和文明进步，都是人民群众智慧的体现和创造力的

① 卜松竹：《广州非遗：道路越走越宽》，《广州日报》2021年1月13日。

结晶，带有不同时代人民群众创造历史的意志印记。而且，在社会主义制度下满足人民群众的精神文化需求还是文化建设和发展的根本目的所在，所以文化的发展需要坚持为人民服务、做到以人民为中心，为人民群众过上美好生活提供丰富的精神食粮。习近平总书记指出：“人民是文艺创作的源头活水，一旦离开人民，文艺就会变成无根的浮萍、无病的呻吟、无魂的躯壳。”[①]所以，他要求：“要把满足人民精神文化需求作为文艺和文艺工作的出发点和落脚点，把人民作为文艺表现的主体，把人民作为文艺审美的鉴赏家和评判者，把为人民服务作为文艺工作者的天职。”[②]“应该用现实主义精神和浪漫主义情怀观照现实生活，用光明驱散黑暗，用美善战胜丑恶，让人们看到美好、看到希望、看到梦想就在前方。”[③]这是马克思主义文化观和文艺观上的人民主体论思想，内含着走社会主义文化发展道路必须坚持的根本原则和方向，深刻表明社会主义的文化就是人民的文化，社会主义的文艺也是人民的文艺。

把马克思主义文化观和文艺观上的人民主体论思想，体现到推动文化繁荣兴盛的社会实践当中，就需要广大文艺工作者追随人民的脚步，走出自己的方寸天地，创作出“观照人民的生活、命运、情感，表达人民的心愿、心情、心声”[④]的精品力作；同时，要“组织开展多种形式的面向基层的文化活动和全民健身运动，着力丰富群众文化生活”[⑤]，让精英文化与大众文化、高雅文化与通俗文化、专业文化与草根文化在人民群众广泛参与的创造性文化实践中相互融合、相得益彰，形成“万紫千红春满园”的壮观景象。简而言之，文化的繁荣兴盛既需要有文化创作的活力充沛和文化产品的供需两旺，也需要有文化活动的丰富多彩和文化惠民的红红火火。

---

① 习近平：《习近平谈治国理政》（第二卷），外文出版社2017年版，第316页。

② 习近平：《习近平谈治国理政》（第二卷），外文出版社2017年版，第314–315页。

③ 习近平：《习近平谈治国理政》（第二卷），外文出版社2017年版，第319–320页。

④ 中共中央文献研究室：《习近平关于社会主义文化建设论述摘编》，中央文献出版社2017年版，第176页。

⑤ 中共中央文献研究室：《习近平关于社会主义文化建设论述摘编》，中央文献出版社2017年版，第185页。

事实上，就普通群众所需要的精神文化生活而言，其基本文化权益得到保障的重要途径和方式就是能够有各种机会和条件参与自己喜爱的文化活动，让自己对文化的梦想和追求变成融入现实的文化体验、成为获得可以释放情绪的快乐。所以，推动文化发展的繁荣兴盛必须依托社会公共文化空间，为满足不同群体的精神文化需要提供多元化、个性化、便利化的文化服务，把充满趣味性、娱乐性、艺术性的文化活动广泛融入日常社会生活的各个领域，以营造人人都可以获得艺术熏陶、共享美好精神生活的文化氛围。

广州这座城市有“千年商都”的美誉，而商都最大的特点就是崇尚公平交易、平易近人、诚招天下客。可以说，千百年来深谙营商之道的广州人在处理人际关系上都非常注重和睦相处、讲究平等待人、习惯给人方便，给人以亲切、友好与和善的深刻印象。因而，广州还享有“平民之都”的各种暖评。在文化意义上，作为“平民之都”的广州给人最大的生活体验是彼此不在乎“身份差别”的平和、自在和欢娱，比如男女老少一起在各大宾馆酒店“叹早茶”、亲朋好友一起在大排档或农家乐“玩聚会”等。这就使得广州这座城市的文化一直以来也成为最具平民化特质的文化。在广州，不论是粤剧粤曲、广东音乐、岭南画派，还是“三雕一彩一绣”[①]等民间工艺，都深受大众的喜爱、拥趸和追捧。对建设共同生活的精神家园，广州市民（主要指社区基层群众）有很强的主体性意识，他们把文化自信、文化自觉和文化自强渗透在生活意志和情感共鸣当中，渴望国泰民安、渴望万事胜意、渴望幸福美好、渴望共同快乐，所以参与各种群众性文化活动的热情十分高涨，各种类型的公共文化活动都备受欢迎。

党的十八大以来，经济持续快速健康发展的广州，在全社会物质生活水平不断提高的基础上，对新时代如何进一步满足市民精神文化生活需要更加重视，公共文化服务体系不断完善，吸引城乡居民广泛参与的公共文化活动蓬勃开展，市民享受群众文化发展成果的获得感不断增强。其

① “三雕一彩一绣”：指广州具有浓厚岭南特色的民间工艺。“三雕”分别指牙雕、玉雕、木雕；“一彩一绣”分别指广彩和广绣。

中，最有代表性和影响力的是广州历时数十年精心打造的群众文化品牌活动——“羊城之夏”。2017年，广州将该活动升级为广州市民文化节，线上线下参与人数高达200多万人次，并在国内首创并发布了吉祥物（2018年升级为“公共文化服务大使与文化志愿者”）“羊小夏”IP动漫形象，获得广泛关注。2019年6月至11月，该活动在广州塔拉开大幕。以庆祝中华人民共和国成立70周年为主题，以“同欢共享”为理念，分“百姓舞台”“精彩大赛”“岭南文化”“时尚经典”“书画展览”五大板块，在全市范围内举行1000多场主题活动，涵盖了公益演出、群众文艺创作大赛、专家文化讲座、艺术展览等形式，为市民打造了一场声势浩大、精彩纷呈的文化盛宴。①

以下是番禺区2020年第四季度的大型群众文化活动情况一览表，这是广州开展群众性文化活动的缩影。通过大型群众文化活动一览表我们不难看出，尽管受到新冠肺炎疫情的严重影响，但是公共文化机构组织的各种群众文化活动不减，群众参与公共文化活动的热情也不减。这就是充满活力的文化广州，是让市民充满文化获得感的广州。进入“十四五”，广州将进一步实施“一区一品牌，一区一特色”工程，继续办好“广州艺术季”“‘羊城之夏’广州市民文化节”“广州文艺市民空间”“广州户外艺术节”“广州国际灯光节”“广州国际美食节”等大型群众性文化活动，进一步提升“迎春花市”“广府庙会”“波罗诞”“乞巧节”“北帝诞”“南沙妈祖文化旅游节”“金花诞”“龙舟节”等特色民俗文化活动的影响力和群众参与度。我们有理由相信，一个既有丰厚历史文化底蕴又充满现代都市活力的广州，将以文化繁荣兴盛的崭新姿态走向世界，在现代城市文明发展中展示实现老城市新活力的文化品格、魅力与风采，展示广州人在新时代享受美好文化生活的自信、自得、自爱与自豪。

---

① 黄宙辉：《逾千场活动打造广州群众文化盛宴　2019“羊城之夏”广州市民文化节启幕》，金羊网，2019年6月13日，http://news.ycwb.com/2019-06/13/content_30277840.htm.

表1　番禺区大型群众文化活动情况一览表（2020年第四季度）[①]

序号	活动时间	活动名称	活动内容	参与人数
1	2020年10月17日—12月27日	异趣同辉——馆藏清代外销艺术精品	以图文并茂的形式介绍了广绣、广彩、广雕等多种多样的清代外销艺术精品	23782人
2	2020年11月8日—11月15日	粤绘粤美·童绘新岭南——华碧翠云山幼儿园岭南文化结题展	展出三百多幅平面作品，还有宫灯系列、岭南文化系列、岭南美食系列、丰收系列等几大主题的立体作品展出	3884人
3	2020年11月18日—12月20日	学廉洁成语·讲传统故事——广东省流动博物馆廉洁主题系列图片展	以通俗易懂的语言和观众喜闻乐见的漫画组成图版，通过廉洁成语和传统故事颂扬清正廉洁和鞭挞贪婪丑恶，潜移默化地起到增长传统文化知识、提高个人廉洁修养、营造清正社会氛围的目的	7751人
4	2020年10月—12月	“名著魔力馆”系列活动	番禺区图书馆“名著魔力馆”系列活动，以荐书、解书、共读的方式，从生活、工作和学习能力提升出发，用一本本经典名著，给人生进阶献上阅读带来的能量	1500人
5	2020年10月—12月	金话筒语言艺术课	以语言表达基础知识为主线，加入绕口令、新闻、朗诵、配音等多种语言艺术的形式，让读者们既能收获基础知识，还可以学习中华民族传统文化的精髓	600人

① 番禺区文化广电旅游体育局：《番禺区大型群众文化活动情况一览表（2020年第四季度）》，广州市番禺区人民政府门户网站，2020年12月29日，http://www.panyu.gov.cn/ztzx/qmtjzwgkh/ggwhfwly/content/post_7001982.html.

续表

序号	活动时间	活动名称	活动内容	参与人数
6	2020 年 10 月—12 月	《诵读》专栏	每月举办两期，为广大市民推荐经典好书，内容涵盖文学、教育、管理、美学等不同领域。每期音频在电台（FM101.7）进行播出，番禺区图书馆微信公众号平台推出相应内容	60000 人
7	2020 年 10 月 31 日	广州市番禺区文化馆 2020 年“云水知音”艺术沙龙（配音专场）	配音大咖强强联手，上演一场教科书级别的现场配音	线下 50 人，线上 2422 人
8	2020 年 11 月 3 日—12 月 27 日	“画说非遗艺述番禺——‘蒲公英行动’番禺外来工子女油画班”非遗主题作品巡展	“蒲公英行动”番禺外来工子女油画班全体学员完成 39 个番禺的非物质文化遗产项目的油画作品创作，本次展览展出了每个项目 2 件共计 78 件的油画。作品体现了趣味表现与创意实践，教与不教多元融合，少儿本真与油画本体的特征特点特色。巡展先后在新造、沙头、沙湾、石楼、小谷围、市桥展出	1500 人
9	2020 年 11 月 7 日	广州市番禺区文化馆 2020 年“云水知音”艺术沙龙（表演专场）	1. 直击表演镜头，对话艺术百态；2. 咫尺之间细探表演；3. 方寸之中尽享戏瘾；4. 表演无界，乐趣无限	线下 50 人，线上 1182 人
10	2020 年 11 月 7 日	“2020 广佛同城番顺同欢”曲艺晚会	由番禺、顺德两地粤曲、粤剧发烧友们共同演绎，节目包括粤曲《粤韵沙湾》、少年戏剧《顺德仁信德事》、粤曲对唱《天仙配之重逢》、少儿节目《岭南英才传秀·跷》等多首曲目	线上 3.85 万人

续表

序号	活动时间	活动名称	活动内容	参与人数
11	2020年11月18日—12月31日	番禺区2020年未成年人剧场暨非遗进校园活动	活动邀请到广州市粤剧院青年花旦，广州大学音乐舞蹈学院客座教授、中宣部青年文化英才、中国戏剧梅花奖得主、上海白玉兰戏剧表演奖主角奖得主吴非凡老师，以及她的艺术团队，以“讲座＋现场演示”的形式，为同学们带来粤剧艺术常识讲解和现场展示表演	线下0.92万人，线上2.02万人
12	2020年11月27日—12月13日	番禺古邑文旅新风——番禺区美术书法作品专题创作展	为了更好地推动番禺“文旅”发展，促进番禺艺术家创作更多更好的“以番禺为题”的作品，重点表现番禺“历史图像、人文风采、风景名胜、时代画卷”，邀请了过百名艺术家参加，其中创作采风活动的有40多人，展览展出书画作品86件	1000人
13	2020年11月29日	光影如歌　禺音乐韵——番禺区原创歌曲专场音乐会	晚会以多种原创音乐风格讲述时代故事、展现岭南风韵、奏响禺音旋律，分为三个篇章：第一篇章　强时代·谱旋律；第二篇章　扬大爱·奏颂歌；第三篇章　承禺韵·传粤音	线下600人，线上74072人

续表

序号	活动时间	活动名称	活动内容	参与人数
14	2020年12月5日	“羊城之夏”2020广州市民文化季“文化有约·美丽景区”——广州市群众文艺精品巡演	按照文化惠民、“文明广州”等系列活动要求，组织近年来广州市在全国、省级群众文艺获奖优秀作品，结合番禺区群众文艺精品，举办“文化有约·美丽景区”——2020年广州市群众文艺精品巡演、群文公益讲座。本场展演节目包括粤曲表演唱《岭南英才秀·跷》、单弦大提琴二重奏《持续》、男声独唱《山歌唱出好兆头》等	2000人
15	2020年12月18日	庆祝中国共产党成立100周年——乡村振兴文化行之“粤韵乡情颂党恩”系列活动启动仪式	本次乡村振兴文化行之“粤韵乡情颂党恩”系列活动将贯穿2021年全年，共有送戏下乡、名师大讲堂、线上艺术课堂、歌唱朗诵大赛、迎春晚会、特产展销等六大活动，其中的“粤韵乡情颂党恩”歌唱朗诵大赛以全国各个省份人士分组比赛，每月一个省份或地区，每月4场比赛，以普通话与各省方言朗诵和歌唱的形式，充分展示番禺区广大人民群众和来穗人员爱国、爱党、爱乡之情，同时展销番禺本地和主题省份地区的特色商品	线下200人，线上3.59万人